SHOUZHENG CHUANGXIN DE JIANXING

守正创新的践行

新时代公民道德建设
评论员文章和工作实践体会汇编

中共中央宣传部宣传教育局　编

人民出版社

前　言

　　自 2019 年 10 月中共中央、国务院印发《新时代公民道德建设实施纲要》以来，中央主要新闻媒体围绕新时代公民道德建设，推出了一批评论员文章和工作实践体会，对新时代公民道德建设进行了深刻阐释解读。现将部分文章汇集成册，编辑出版。

　　　　　　　　　　　　　　　　　　2020 年 6 月

目 录
CONTENTS

守正创新的

践行

推动全民道德素质和
社会文明程度达到新高度

人民日报评论员

《新时代公民道德建设实施纲要》（以下简称《纲要》）的公布是我国社会主义精神文明建设的一件大事。中国特色社会主义进入新时代，对公民道德建设提出了新的更高要求。加强公民道德建设、提高全社会道德水平，是全面建成小康社会、全面建设社会主义现代化强国的战略任务，是适应社会主要矛盾变化、满足人民对美好生活向往的迫切需要，是促进社会全面进步、人的全面发展的必然要求。《纲要》的出台对于推动全民道德素质和社会文明程度达到一个新高度，决胜全面建成小康社会，开启全面建设社会主义现代化国家新征程，具有十分重要的意义。

党的十八大以来，以习近平同志为核心的党中央高度重视公民道德建设，作出一系列重要部署，推动思想道德建设取得显著成效。讲道德、尊道德、守道德，追求高尚的道德蔚为风尚；崇尚英雄、尊重模范、学习先进的氛围更加浓厚，道德领域呈现积极健康向上的良好态势。在今年庆祝新中国成立70周年系列活动中，全国各族人民表现出的爱国情感朴素而炽热，全社会团结一致、奋发昂扬，民族自信心和自豪感进一步增强，展示了我国公民道德建设所取得的丰硕成果。当代中国积累了丰厚的道德资源，这是我们在新时代进一步做好公民道德建设的重要基础。

推进新时代公民道德建设，必须以习近平新时代中国特色社会主义思想为指导。在全民族牢固树立中国特色社会主义共同理想，在全社会大力弘扬社会主义核心价值观，使公民个人的道德追求融入实现中国梦的伟大征程，使爱国主义、集体主义、社会主义思想广为弘扬，使新时代的公民道德建设凝聚起实现中华民族伟大复兴中国梦的强大精神动力。

推进新时代公民道德建设，必须坚持以社会主义核心价值观为引领。社会主义核心价值观是当代中国在价值观念上的最大公约数，其实就是一种德，既是个人的德，也是国家的德、社会的德。要将国家价值目标、社会价值准则和公民价值规范，有机融入公民道德建设各方面、全过程，更好发挥出引领作用。

推进新时代公民道德建设，必须聚力培养担当民族复兴大任的时代新人。担当民族复兴大任的时代新人，必须是在思想水平、政治觉悟、道德品质、文化素养、精神状态等方面同新时代要求相符合的，这是公民道德建设的出发点和落脚点，一切工作都要聚焦这个目标，须臾不能偏离。要不断深化对时代新人丰富内涵、时代特质、根本要求的认识和理解，更好担负起培养时代新人的重要职责。

千里之行，始于足下。公民道德建设重在抓小抓细抓实。各地各部门要适应新时代新要求，坚持目标导向和问题导向相统一，进一步加大工作力度，把握规律、积极创新，持之以恒、久久为功，推动全民道德素质和社会文明程度达到一个新高度。

（《人民日报》2019 年 10 月 28 日）

深入推进新时代公民道德建设

新华社评论员

国无德不兴，人无德不立。近日印发的《新时代公民道德建设实施纲要》立足实践发展、突出问题导向，明确新时代公民道德建设的任务要求，对于进一步加强社会主义精神文明建设、推动全民道德素质和社会文明程度达到新高度，具有十分重要的意义。

党的十八大以来，以习近平同志为核心的党中央高度重视公民道德建设，作出一系列重要部署立根塑魂、正本清源，推动思想道德建设取得显著成效，呈现积极健康向上的良好态势。中国特色社会主义进入新时代，对公民道德建设提出了新的更高要求。一些地方、一些领域依然不同程度存在的道德失范现象警示人们，加强公民道德建设是一项长期而紧迫、艰巨而复杂的任务，需要久久为功、坚持不懈地抓下去。

成事兴业，关键在人。推进新时代公民道德建设，重在培养担当民族复兴大任的时代新人。"人民有信仰，国家有力量，民族有希望。"要把培养时代新人作为公民道德建设的出发点和落脚点，以习近平新时代中国特色社会主义思想为指导，筑牢理想信念之基。要引导人们把共产主义远大理想与中国特色社会主义共同理想统一起来，把实现个人理想融入实现国家富强、民族振兴、人民幸福的伟大梦想之中，激发实干奋斗精神，培养造就大批有理想、有道德、有文化、有纪律的时代新人。

社会主义核心价值观是当代中国在价值观念上的最大公约数。推进新时代公民道德建设，要坚持以社会主义核心价值观为引领。以主流价值建构道德规范、强化道德认同、指引道德实践，引导人们明大德、守公德、严私德，在全社会形成崇德向善、见贤思齐、德行天下的浓厚氛围。近年来，从全国道德模范的感人事迹，到一个个在百姓身边涌现的"最美"人物，向上向善的道德力量为社会文明进步不断注入正能量。积善成德、从我做起，在落细落小落实上下功夫，在贯穿结合融入上见真章，必将使社会主义核心价值观进一步内化于心、外化为行，成为人们的精神追求和行动自觉。

法安天下，德润人心。推进新时代公民道德建设，需要强化道德建设的法治保障。法律的有效实施有赖于道德支持，道德的践行也离不开法律约束。把道德导向贯穿法治建设全过程，以法治的力量维护道德、凝聚人心，营造全社会讲法治、重道德的良好环境。

道德建设既要靠教育倡导，也要靠有效治理。针对道德领域突出问题，要综合运用经济、法律、技术、行政和社会管理、舆论监督等各种手段，建立常态化机制，有力惩治失德败德、突破道德底线的行为，形成扶正祛邪、惩恶扬善的社会风气。让社会主义道德的阳光温暖人间，让文明的雨露滋润社会。

（新华社 2019 年 10 月 28 日）

新时代，推动全民道德素质达到新高度

光明日报评论员

一个国家在道德上提倡什么，树立什么样的榜样，善待什么样的人与事，身处社会中的民众就学习什么，追寻什么。

近日，中共中央、国务院印发《新时代公民道德建设实施纲要》（以下简称《纲要》），科学分析新时代对公民道德建设提出的新要求，进一步明确新时代公民道德建设的任务要求，对于推动全民道德素质和社会文明程度达到一个新高度，决胜全面建成小康社会、开启全面建设社会主义现代化国家新征程，具有十分重要的意义。

中华文明源远流长，孕育了中华民族的宝贵精神品格，培育了中国人民的崇高价值追求。党的十八大以来，以习近平同志为核心的党中央高度重视公民道德建设，立根塑魂、正本清源，作出一系列重要部署，推动思想道德建设取得显著成效。中国特色社会主义和中国梦深入人心，践行社会主义核心价值观、传承中华优秀传统文化的自觉性不断提升，爱国主义、集体主义、社会主义思想广为弘扬，崇尚英雄、尊重模范、学习先进成为风尚，民族自信心、自豪感大大增强，人民思想觉悟、道德水准、文明素养不断提高，道德领域呈现积极健康向上的良好态势。

同时我们也要看到，在国际国内形势深刻变化、我国经济社会深刻变革的大背景下，由于市场经济规则、政策法规、社会治理还不够健全，受不良思想文化侵蚀和网络有害信息影响，道德领域依然存在不少问题。

中国特色社会主义已经进入新时代，对新时代公民道德建设提出了新的更高要求。此时印发《纲要》，意义深远，正当其时。

这是时代呼唤。《纲要》深入贯彻习近平新时代中国特色社会主义思想和党的十九大精神，在充分体现习近平总书记关于公民道德建设重要论述的基础上，进一步梳理总书记的新思想、新观点、新要求，把涉及有关方面的重要内容和抓落实的内容更加鲜明地体现出来，使新时代特征贯穿《纲要》始终。

这是人民的实践。《纲要》总结各地在公民道德建设中的新鲜创造和典型经验，形成了对新时代公民道德建设工作规律的深刻认识和科学把握，突出群众性、实践性、可操作性，设计群众便于参与、乐于参与的渠道载体，为深入开展基层道德建设提供根本遵循。

这是立足传统、面向未来的创新之举。《纲要》既继承了2001年《公民道德建设实施纲要》的主要内容和载体途径，又立足新时代新形势新任务要求，突出问题导向，着重体现习近平总书记对党员领导干部、青少年和社会公众人物等重要群体和重点领域道德建设的重要论述和具体要求，既遵循了道德建设规律，又进行了创新创造，增强了道德建设的吸引力感染力。

加强公民道德建设既长期又紧迫，既艰巨又复杂。我们要深入学习习近平总书记关于道德建设的重要论述，切实增强公民道德建设的责任感使命感，为完成全面建成小康社会、全面建设社会主义现代化强国的战略任务，满足人民对美好生活向往的迫切需要，促进社会全面进步、人的全面发展而不懈努力。

（《光明日报》2019年10月28日）

▼ 新时代，推动全民道德素质达到新高度

汇聚新时代国家治理的
强大道德力量

杜飞进

　　道德作为一种社会意识形态，是经济基础的反映，也是历史发展的产物。经济社会的深刻变革必然引起道德状况的动态变化，整个社会的发展进步也必然伴随道德的整体进步。新中国成立 70 年来，我们党领导人民不断探索实践，逐步形成了中国特色社会主义制度，创造了经济快速发展、社会长期稳定"两大奇迹"，也使中国人民在道德与精神上获得普遍跃升和持续进步。习近平总书记深刻指出，人民有信仰，国家有力量，民族有希望。要坚持共同的理想信念、价值理念、道德观念，弘扬中华优秀传统文化、革命文化、社会主义先进文化，促进全体人民在思想上精神上紧紧团结在一起，为奋进新时代、共筑中国梦提供了强大的精神力量和道德支撑。

《新时代公民道德建设实施纲要》（以下简称《纲要》）是加强新时代公民道德建设的纲领性文件，进一步坚定了全党全社会的文化自信，彰显了我国国家制度和国家治理体系的显著优势。它体现了中国共产党引领和践行先进文化前进方向的高度自觉自信。党中央 2001 年颁布的《公民道德建设实施纲要》，是世界政党史上第一部执政党专门部署道德建设工作的文件。18 年后，在"两个一百年"奋斗目标的历史交汇期，出台《纲要》，标志着我们党领导社会主义道德建设迈出新的重大步伐。它体现了我们党坚持依法治国和以德治国相结合的高度自觉自信。法治和德治相结合，是中华文明的独特政治文化基因。我们党对其进行创造性转化、创新性发展，形成依法治国的中国方案。加强新时代公民道德建设，把制度优势更好地转化为治理效能，凸显了"中国之治"的鲜明特色。它体现了全党全社会对中国特色社会主义道德建设资源和路径、主流和前景的高度自觉自信。我们党领导人民创造的社会主义道德体系，包容传统与现代、融通本土与外来、连接认知与实践，塑造了积极、进步、向善的中国道德主流。在习近平新时代中国特色社会主义思想指引下，我们有信心更有能力深入推进社会主义

▼
汇聚新时代国家治理的强大道德力量

道德建设，促进社会全面进步，实现人的全面发展。

建首善自京师始。长期以来，我们自觉坚持道德建设的社会主义方向，以社会主义核心价值观为引领，以培养担当民族复兴大任的时代新人为着眼点，紧紧扭住社会公德、职业道德、家庭美德、个人品德四个着力点，抓住教育引导、实践养成、制度保障等关键环节，努力打造社会风气和道德风尚最好的城市。

第一，把道德建设融入城市发展和城市治理，画出最美同心圆。习近平总书记指出，推进国家治理体系和治理能力现代化，要解决好价值体系问题。现代化的国家治理必须有现代化的文明形态与之相适应。《纲要》明确，新时代公民道德建设，是坚持社会主义方向的道德建设，是以为人民服务为核心、以集体主义为原则的道德建设。首都进入减量发展时期，既要建好"城"，更要建好"都"；既承担着诸多大事要事，又面临着不少难事新事。我们要把社会主义核心价值观作为凝聚中国力量的思想道德基础，引导人们在首都发展的生动实践中深入领会习近平新时代中国特色社会主义思想，从国家、社会、个人三个层面把握"家"与"国"、"城"与"都"、"舍"与"得"的关系，鲜明集体主义原则，明大德、守公德、严私德。在筹办和服务保障新中国成立 70 周年庆祝活动中，在"一带一路"国际合作高峰论坛、亚洲文明对话大会等重大外事活动中，首都市民识大体、顾大局，展现了当代中国豪迈自信的最美表情。从疏解非首都功能到促进首都高质量发展，从"回天有我"大型社区治理到背街小巷环境整治，引导广大市民统一思想认识、主动向前一步，达成协商对话的建设性解决方案，确保了社会心态的理性平和、首都大局的和谐稳定。

第二，依托"北京榜样"播撒道德火种，发挥典型蒲公英效应。习近平总书记指出，引导人们向往和追求讲道德、尊道德、守道德的生活，让13亿人的每一分子都成为传播中华美德、中华文化的主体。在全面深化改革的背景下，社会成员的道德境界呈现多样性与层次性。这就决定了，必须持续强化道德认同，提升道德认知。《纲要》明确，遵循道德建设规律，把先进性要求与广泛性要求结合起来，发挥榜样示范引领作用。我们兼顾道德的应然性和实然性，精心打造"北京榜样"品牌，通过层层举荐、周周上榜、全媒宣传，不断向各领域各行业覆盖延伸，5年多来北京市共举荐身边榜样30万人，形成健康卫士、国企楷模、最美警察等多个子品牌。今年，"北京榜样"优秀群体荣获"时代楷模"称号，北京市推荐的26人当选"最美奋斗者"，彰显了大国首都的道德高度。我们统筹新闻宣传、百姓宣讲、文艺创作、网络互动等方式，全面宣传榜样先进事迹，奏响新时代爱国奋斗之歌。以"学榜样、我行动"活动为牵引，组织在职党员到社区报到开展志愿服务，加强高校、中小学思想政治理论和思想道德教育，制定"反三俗"举措，抓好党员干部、青少年、公众人物三类重点群体，以点带线、穿线成面，不断打开道德建设新生面。

第三，突出共创共建共享，打造全国精神文明建设示范之都。习近平总书记指出，夯实国内文化建设根基，一个很重要的工作就是从思想道德抓起，从社会风气抓起，从每一个人抓起。道德建设的成就，人人有份儿；道德领域的问题，人人有责。《纲要》明确，尊重人民群众的主体地位，激发人们形成善良的道德意愿、道德情感，培育正确的道德判断和道德责任，提高道德实践能力尤其是自觉践行能力。我们精心抓好五大创建，开展接地气、惠民生的文明引导行动，涵养首都热情开朗、大气开放、积极向上、乐于助人的人文氛围。全力办好中央交给的重大活动，做好环境布置、氛围营造，贯穿全年的传统节日文化活动与现代生活有机融合，让人们在庄严的仪式中增进家国情怀。加强北京香山革命纪念地保护利用，谋划启动以北大红楼与中国共产党创建及其早期活动革命纪念地为主要内容的革命文物集中连片保护利用工作。聚焦"建党""抗战""建国"三大主题，建好用好以29家全国示范基地为龙头的各级爱国主义教育基地，打造更多民族精神、时代精神的展示平台，打造更多"不忘初心、牢记使命"的"红色基因库"，使广袤京华成为新时代革命传统教育、爱国主义教育、思想政治教育的大课堂。弘扬奉献、友爱、互助、进步的志愿精神，建好以"柠檬黄""志愿蓝""平安红"为代表的446万名注册志愿者队伍，完善激励褒奖制度，持续书写"我为人人、人人为我"的新时代雷锋故事。针对超大城市治理中的"痛点"问题设计活动载体，持续抓好"礼让斑马线""空调调高一度""V蓝北京""垃圾分类一日游"等实践活动，使城市更加有里有面儿，把"人民城市人民建，人民城市为人民"理念转化为全社会的共同行动。

第四，坚持主阵地下沉、主力军上网，夯实道德建设新阵地。《纲要》明确，各类阵地是面向广大群众开展道德教育的基本依托。照亮真善美，必须让正能量熠熠生辉；倡导文明新风，必须让好人好事相互激荡。我们立足巩固党的执政基础，突出新时代文明实践中心和网络空间两大重点，统筹运用各类阵地资源，打造培养时代新人、弘扬时代新风的精神家园。推动新时代文明实践中心建设覆盖全市，形成工作规程，与各区融媒体中心打通、与各区政务服务中心对接，使解决实际问题成为最生动的道德实践。习近平总书记指出，让互联网成为构筑各民族共有精神家园、铸牢中华民族共同体意识的最大增量。我们构建以"北京云"技术平台为龙头、涵盖4个市级媒体移动端、17个区级融媒体中心、N个"京字号"新媒体品牌的"1+4+17+N"的新媒体矩阵，运用短视频、网评文章传播正能量。成立全国首家互联网行业协会，建立协会党委，推动属地重点互联网企业成立党组织，引领网络综合治理。率先组建互联网公益联盟，探索"互联网＋扶贫""互联网＋打拐""互联网＋环保"等公益模式，使互联网成为正能量的集散地。

法安天下，德润人心。深入推进新时代公民道德建设，还应完善德法兼治的治理机制。我们把市民广泛认同、操作性强的核心价值观要求转化为法律规范，面向全市开门立法，研究制定《北京市文明行为促进条例》，坚持倡导与惩罚并举，注重文明行为激励回馈。推进信用联合奖惩机制建设，针对安全生产、食品药品、互联网等10余个重点领域的失德败德行为，40多个部门联合采取近20项惩戒措施，不断完善惩戒失德行为的常态化机制。实践证明，道德建设既要靠教育倡导，又要靠有效治理，是全社会的共同任务。在推进国家治理体系和治理能力现代化的新征程上，必须把道德导向持续贯穿法治建设，推动公共政策与道德建设良性互动，发展与新时代相匹配的制度文明，为中国特色社会主义国家治理汇聚强大道德力量。

（作者为北京市委常委、宣传部长）

（《人民日报》2019 年 11 月 21 日）

让文明道德新风吹遍每个角落

陈浙闽

党的十八大以来，以习近平同志为核心的党中央高度重视公民道德建设，立根塑魂、正本清源，提出一系列新思想新观点新论断，深刻回答了培养什么样的人、怎样培养人等一系列带有方向性、根本性的重大问题，为新时代公民道德建设指明了方向、提供了根本遵循。在《公民道德建设实施纲要》颁布实施第十八个年头，面对世情国情党情的深刻变化，党中央、国务院回应时代诉求、社会呼声和群众期盼，审时度势出台《新时代公民道德建设实施纲要》（以下简称《纲要》），这是对习近平总书记关于公民道德建设重要论述的生动实践，对于在新的历史起点上推动全民道德素质和社会文明程度达到新高度，决胜全面建成小康社会，开启全面建设社会主义现代化国家新征程，具有重要而深远的意义。

《纲要》全面总结这些年的工作实践，客观看待成绩问题，科学部署任务举措，是推进新时代公民道德建设的重要指导性文件。在学习领会中，我们能深切感受到《纲要》有四个鲜明特点：一是理论和实践的有机统一。《纲要》通篇闪耀着真理的思想光辉，是马克思主义道德观、社会主义道德观的制度化凝练，也是习近平总书记关于道德建设系列重要论述的系统化体现。从内容上看，文件基本涵盖了党的十八大以来习近平总书记对公民道德和社会主义精神文明建设各方面的指示要求。从形式上看，文件七大板块把习近平总书记关于道德建设的新思想新观点新要求进行了条分缕析的清晰阐述。同时，《纲要》总结了多年来各地在公民道德建设中的新鲜创造和典型经验，尊重群众实践、突出群众参与、便于基层操作，既有很强的科学性、指导性，又有很强的实践性、可操作性。二是继承和创新的有机统一。《纲要》继承了 2001 年《公民道德建设实施纲要》的主要内容和载体途径，把十多年来公民道德建设中形成的好机制好经验好做法进行巩固拓展。同时又立足新时代新形势新任务新要求，重点强化了法治保障、网络空间、生态文明、对外交往等方面的内容，既遵

▼ 让文明道德新风吹遍每个角落

循了道德建设规律，又进行了创新创造，体现了鲜明的时代特征，极大地增强了道德建设的吸引力感染力。三是德治和法治的有机统一。《纲要》注重道德在教育引导群众方面的作用，坚持以主流价值建构道德规范、强化道德认同、指引道德实践，引导人们明大德、守公德、严私德。特别注重人民群众的主体地位，把大量的篇幅倾注到道德自觉、道德养成上，必将有利于促使人们自内而外形成善良的道德意愿、道德情感，培育正确的道德判断和道德责任。《纲要》坚持以法治承载道德理念、鲜明道德导向、弘扬美德义行，把社会主义道德要求体现到立法、执法、司法、守法之中，既重视道德的教化作用，又重视法律的规范作用。以道德滋养法治精神，以法治体现道德理念，实现法律和道德相辅相成，法治和德治相得益彰。四是重点突破和整体推进的有机统一。《纲要》牢牢把握培养时代新人的目标任务和总体要求，坚持工作的系统性和措施的针对性相结合，以全社会全民道德素质整体提升为落脚点，在具体要求上又突出重点人群、重点行业、关键部位等重要方面，做到了整体和部分相结合。比如，要求公民道德建设既要面向全社会成员开展，也要加强对党员领导干部、青少年和社会公众人物等重要群体的教育引导。比如，对于开展道德教育基本依托的各类阵地，《纲要》要求充分发挥各类阵地道德教育作用，同时又明确加强新时代文明实践中心、县级融媒体中心和爱国主义教育基地等重要阵地的建设。体现了两点论和重点论的统一、全面性和针对性的结合。我们坚信，《纲要》的出台和贯彻执行，必将极大激发全体人民筑牢理想信念、坚守价值追求、聚合磅礴之力，夯实同心共筑中国梦的共同思想道德基础。

党的十八大以来，天津认真落实中央决策部署，公民道德建设始终坚持鲜明的目标导向、实践导向、基层导向，开展了一系列主题新颖、形式多样、覆盖广泛的道德实践活动，积累了很多成功做法和鲜活经验，公民道德建设的载体更加丰富、领域不断拓展、典型竞相涌现、氛围日益浓厚。《纲要》的出台，为我们做好新时代公民道德建设工作描绘了路线图、吹响了冲锋号，是指导我市公民道德建设和精神文明建设的重要指针和基本遵循。我们将抓住《纲要》出台的重大历史机遇，精心做好任务细化和分工落实等工作，让崇德向善的市民形象、见贤思齐的城市新风成为天津又一张亮丽的名片。近期将用心用力写就"四篇文章"。

一是写就宣传贯彻习近平新时代中国特色社会主义思想文章。马克思说："理论一经掌握群众，也会变成物质力量。"思想道德建设同样如此，群众只有对党的创新理论真心信服，才能筑牢信仰之基，挺起精神脊梁，以爱国爱党的大德涵养社会公德、职业道德、家庭美德和个人品德，铸就无坚不摧的磅礴力量。我们将组织市委讲师团、时政宣讲员、文艺轻骑兵等各种宣传队伍，统筹报声屏网特别是学习强国等多种平台，通过举办大讲堂、报告会、培训班、社区论坛等多样形式，推进习近平新时代中国特色社会主义思想特别是总书记关于道德建设重要论述"飞入寻常百姓家"，引领群众打牢信仰信念的思想理论根基，高扬主旋律，唱响正气歌，树立崇高的道德追求，让理想信念的明灯永远在群众心中闪亮，培养和造就更多担当民族复兴大任的时代新人。

二是写就强化社会主义核心价值观引领文章。习近平总书记指出，核心价值观是一个民族赖以维系的精神纽带，是一个国家共同的思想道德基础。这要求我们一定要深培厚植、大力践行社会主义核心价值观，把全国各族人民共同认同的"最大公约数"做得更大、"最大同心圆"画得更广。我们将着力实施"一二三四"公民道德提升行动计划。瞄准一个目标，聚焦创建全国文明城区，深入实施天津市全域创建文明城市三年行动计划，努力把天津打造成硬件和软件兼顾、"颜值"与"气质"并存的美丽城市；依托新时代文明实践中心和区级融媒体中心两大阵地，广泛开展中国特色社会主义文化、社会主义思想道德学习培育，打通基层道德建设"最后一公里"；严格执行近年来连续出台的《天津市志愿服务条例》《天津市促进精神文明建设条例》《天津市文明行为促进条例》3部条例，将社会主义核心价值观要求全面融入法治体系建设；着力推进培植先进典型的示范工程、夯实意识形态阵地的固本工程、保护青少年成长的护苗工程、为群众办实事解难题的民心工程等四大工程，在全社会营造明德守礼、向上向善的浓厚氛围。

三是写就筑牢网络空间道德建设阵地文章。《纲要》把"抓好网络空间道德建设"作为独立板块，体现了鲜明的时代特点和现实需求。历经近二十年的迭代发展，互联网已从道德建设的新阵地变成前沿阵地。截至2018年底，全国网民有8.29亿，手机网民有8.17亿；天津网民有1099万，手机网民有1094万。这种大趋势新形势新态势，要求公民道德建设必须在网络内容、网络行为、网络载体、网络管理上下足功夫。我们将着力加强网络内容建设，统筹各网站、新媒体和客户端，有序引导网络文学、网络音乐、网络电影等创作生产。着力培养文明自律网络行为，依托高校和互联网企业创建网络道德研究中心和教育基地，有针对性开展网络素养教育培训。着力丰富网上道德实践，鼓励网络"大V"、普通网民争当志愿者，开展形式多样的"互联网＋公益"活动，培育"人人公益、随手公益、指尖公益"新风尚。

四是写就公民道德建设全面覆盖文章。我们将以重点人群为突破口，分层次、抓重点、建机制，以点带面实现人群全覆盖。首先是抓好党员干部为政之德。持续在全市开展不作为不担当和形式主义、官僚主义专项整治，扎紧从严管党治党制度笼子，弘扬密切联系群众优良作风，让以德修身、以德立威、以德服众成为每位干部成长成才的座右铭。其次是抓好青少年品德教育。把立德树人贯穿学校教育全过程，把道德建设要求体现到各学科中，在全市各级各类学校持续开展"爱国三问"主题教育活动，广泛挖掘利用校内外资源，把学校道德讲堂、社会实践课堂、红色教育基地爱国学堂紧密联系起来，引导他们扣好人生第一粒扣子。再次是抓好社会公众人物道德示范引领。建立严格的道德建设奖惩机制，让每位公众人物都心怀道德良知、道德责任，努力成为全社会精神家园的守望者、社会价值的风向标、道德航船的压舱石。在做好重点群体教育引导的同时不断延伸拓展，让文明道德新风吹遍全社会每一个角落。

（作者为天津市委常委、宣传部长）

（《人民日报》2019 年 11 月 22 日）

锲而不舍推动
新时代公民道德建设上新水平

石 玉 钢

　　中共中央、国务院日前印发《新时代公民道德建设实施纲要》，明确了加强公民道德建设的总体要求、重点任务、具体措施，为推动全民道德素质和社会文明程度在新时代达到新高度提供了规划蓝本和总体遵循。作为推进中国特色社会主义事业的一项基础性、战略性工程，加强新时代公民道德建设、提高全社会道德水平，是全面建成小康社会、全面建设社会主义现代化强国的战略任务，是适应社会主要矛盾变化、满足人民对美好生活向往的迫切需要，是促进社会全面进步、人的全面发展的必然要求，也是国家治理体系和治理能力现代化的重要保障。必须适应时代要求，加强科学指导，坚持系统集成，突出问题导向，强化实践创新，立根塑魂、正本清源，不断提高人民思想觉悟、道德水准、文明素养，着力培养和造就担当民族复兴大任的时代新人。

一、突出时代性，着力适应新时代、服务新时代

一代人有一代人的使命。中国特色社会主义进入新时代，我们面临两个大局，一个是中华民族伟大复兴全局，一个是世界百年未有之大变局。新时代的公民道德建设首先要自觉围绕这"两个大局"来谋划部署、推进实施。新时代属于每一个人，每一个人道德素质提升、全社会道德水平提高，实现全体人民在理想信念、价值理念、道德观念上紧紧团结在一起，中国精神才会更昂扬，中国价值才会更鲜明，中国力量才会更强大，"四个自信"才会更坚实。作为东北老工业基地，吉林省正处于滚石上山、爬坡过坎的关键阶段，实现全面振兴全方位振兴，更加需要全省人民始终以黄大年等时代楷模、刘启芳等全国道德模范、李万君等感动中国年度人物和 10 余万各级各类吉林好人、身边好人为榜样和引领，不断把道德理想、个人抱负同国家民族进步、振兴发展大局统一起来，讲道德、尊道德、守道德，以奋发有为、拼搏奋斗的姿态撸起袖子加

守正创新的
践行

油干，走好新时代的长征路。服务新时代、服务振兴发展大局不是空的，要在解放思想、脱贫攻坚、实施乡村振兴战略、优化营商环境等一系列重大工作中落实道德建设措施、体现道德建设成果，为事业发展源源不断注入道德滋养和道德力量。

二、突出科学性，着力用习近平新时代中国特色社会主义思想武装全党、教育人民

信仰信念指引人生方向，引领道德追求。习近平新时代中国特色社会主义思想，是最权威、最现实的道德规范和价值坐标。新时代公民道德建设最根本的任务就是要引导人们深刻把握习近平新时代中国特色社会主义思想的丰富内涵、精神实质、实践要求，坚定信仰信念、锻造忠诚品格，把全党和全国人民紧紧凝聚到新时代的思想旗帜之下，统一意志、统一步调、统一行动。"学习强国"学习平台、新时代文明实践中心、县级融媒体中心等平台是服务、凝聚、引领群众的重要阵地，要进一步用起来、动起来、活起来，适应不同社会群体理论需求的多样化、个性化、差异化特点，将思想传播融入宣传教育和实践活动中，"深化""转化"、入脑入心、提质增效，让群众在自

我服务、自我管理中受教育、有提高，把实现个人理想融入实现国家富强、民族振兴、人民幸福的伟大梦想中去，使党的创新理论更好地深耕厚植、掌握群众。

三、突出系统性，着力体现大宣传优势和合力

抓好公民道德建设工作，没有局外人，各级党组织都有宣传教育之责，各项工作都有凝聚引领任务，每名党员干部都是直接责任人。要强化"总体战""一盘棋"意识，把互补协同的理念贯穿全部工作，健全协调机制、完善管理链条，统筹高校、社区、政府、社会等各方面力量，运用新闻舆论、文化文艺、先进模范、家风家教等为载体强化道德教育引导，注重开展各类群众性创建活动、学典型志愿服务活动、移风易俗行动等引领群众在道德熏陶中积极实践养成，做到"知行合一"、言行一致。比如，围绕落实中国公民旅游文明素质行动计划，出入境管理机构、海关、驻外机构、旅行社、网络旅游平台等要加强文明宣传教育，引导中国公民在境外旅游、求学、经商、探亲中，展现中华美德、维护国家荣誉和利益；围绕加强社会道德失范现象治理，要合力运用经济、技术、社会管理、舆论监督等多种方式，实施专项整治，惩治失德败德不良

言行，建立常态化惩戒失德行为工作机制，规范和引领社会组织、社会成员敬规崇德、向上向善。

四、突出精准性，着力强化公民道德建设的"供给侧结构性改革"

公民道德建设本质上是群众工作。要认真贯彻以人民为中心的发展思想，把握分众化要求，适应不同受众群体的认知特点和接受习惯，把供给侧结构性改革贯穿到工作的方方面面，集中力量把有效供给做大做强，满足需求、丰富效果。实践中，针对群众反映强烈、社会普遍关注的诚信缺失问题，我们层层组织开展了全面系统的集中治理，"诚信建设万里行"主题宣传有影响和声势，"老赖"治理产生强大震慑，网上造谣传谣得到有效遏制，电信诈骗受到依法惩治，正是因为这些专项行动对接了群众需求、回应了群众期待，所以深入人心、取得扎实效果。2018 年，英雄烈士保护法正式施行，对歪曲、丑化、亵渎、否定英雄烈士事迹和精神提出了具体的处罚措施，这也是对时下历史虚无主义的一些表现和现象的有力回击。

五、突出创新性，着力增强工作的渗透力、覆盖力

推进国家治理体系和治理能力现代化，是党的十九届四中全会作出的重大部署。作为这一系统工程的重要方面，推进德治、加强新时代公民道德建设，必须与时俱进，适应不断变化的客观实际。围绕庆祝新中国成立70周年，我们首次开展了国家勋章和国家荣誉称号集中评选颁授；遴选129位英雄模范在庆祝新中国成立70周年大型成就展中集中展示；邀请英雄模范代表参加阅兵观礼、国庆文艺晚会等重大庆典和文化活动，在礼赞英雄、尊崇模范、树立正确价值导向等方面发挥了重要作用。随着现代信息技术的迅猛发展，互联网已成为人们生产生活的新空间，网络空间的道德建设和现实空间一样，必须像空气一样无处不在、无时不有。要把推进内容建设、规范网络行为、丰富道德实践、强化综合治理作为加强网络空间道德建设的重要抓手，立破并举、治管结合，着力打造天朗气清的网络空间。实践中，吉林省做了一些探索和尝试，成功举办网上全球推介吉林、新时代东北振兴吉林行、海外大V看吉林等大型网络主题采访活动，外交部吉林全球推介活动网络总点击量达到5.6亿次；打造了"文明上

网、点赞吉林"、网络公益吉林等网络文化活动品牌，中国吉林网社交媒体中心被评为"2016 年度全国网络十大创新团队"网络文化传播力大奖；率先成立的互联网业联合会和联合会党委成为中国网络社会组织联合会首批常务理事单位，这些创新性举措和做法，在引导广大网民尊德守法、文明互动、理性表达等方面发挥了重要作用。

（作者为吉林省委常委、宣传部长）

（《人民日报》2019 年 11 月 25 日）

开启新时代公民道德建设新征程

周 慧 琳

习近平总书记深刻指出，只要中华民族一代接着一代追求美好崇高的道德境界，我们的民族就永远充满希望。当前，上海正深入学习贯彻党的十九届四中全会精神，全面推动《新时代公民道德建设实施纲要》（以下简称《纲要》）在浦江两岸落地生根、在弄堂小巷开花结果，切实增强道德建设的时代性实效性，充分发挥道德力量的涵养支撑作用，不断提高社会主义现代化国际大都市治理能力和治理水平，有力助推上海"五个中心"和具有世界影响力的社会主义现代化国际大都市建设。

抓住关键环节，突出工作重点

加强新时代公民思想道德建设，必须坚持马克思主义道德观、社会主义道德观，倡导共产主义道德，始终保持公民道德建设的社会主义方向。《纲要》把握历史规律，体现时代特征，尊重群众实践，对新时代公民道德建设工作进行了全面部署。聚焦重点任务，用信念照亮前路。以培养担当民族复兴大任的时代新人为出发点和落脚点，把习近平新时代中国特色社会主义思想贯穿融入上海主题教育、文明创建、典型宣传等公民道德建设的各环节全过程，筑牢信念之基，引领人生方向，带动道德追求。聚焦重点领域，用价值凝聚民心。大力培育和践行社会主义核心价值观，结合弘扬上海城市精神和城市品格，把社会公德、职业道德、家庭美德、个人品德建设作为着力点，广泛开展弘扬时代新风行动，建构道德规范、强化道德认同、指引道德实践，推动全市干部群众明大德、守公德、严私德。聚焦重点群体，用实干成就未来。围绕党员干部、公众人物、青少年等人群，区分层次和对象，有针对性地搭建平台、设计活动，大力倡导"幸福源自奋斗""平凡孕育伟大"等理念，引领全市干部群众将个人道德追求融入实现中国梦的伟大征程。聚焦重点阵地，用善治塑造网德。主动适应上海网络产业发达、网民占比较高的实际，持续深化"网德工程"，倡导文明办网、文明上网，并积极运用人工智能、区块链等新技术，微电影、短视频等新载体，发展积极健康向上的网络文化，推动互联网这个最大变量成为公民道德建设的最大增量。

加强载体设计，明确工作抓手

加强新时代公民思想道德建设，必须深化道德教育引导，推动道德实践养成。围绕深入贯彻习近平总书记"上海一定要把培育和践行社会主义核心价值观工作做得更细、更实、更深入人心，努力在这方面走在全国前列"的重要指示精神，始终坚持把提高市民文明素质和城市文明程度作为全市公民道德建设的长期目标。全面推进新时代文明实践中心建设。着眼凝聚群众、引导群众，以文化人、成风化俗，结合上海区级融媒体中心、基层志愿服务中心建设，构建区级中心、街镇分中心和村居站三级网络，推动基层广泛开展中国特色社会主义文化、社会主义思想道德教育，引导广大市民提高思想觉悟、道德水准、文明素养。持续深化市民修身行动。整合上海各类教育培训阵地和资源，大力倡导"读好书、除陋习、做公益、守信用"等教育实践活动，将践行核心价值观的内涵生动化、具象化，让群众修身律己增强道德修养，进而延伸拓展到家庭、单位和社会。学习宣传先进典型。评选表彰道德模范、感动上海人物、最美奋斗者、身边好人、新时代好少年等，制定完善《上海市全国道德模范关爱礼遇操作细则》和《关于深入推进全国道德模范服务管理工作的意见》，在全市营造崇德向善、见贤思齐的良好氛围。

坚持问题导向，服务城市发展

加强新时代公民思想道德建设，必须发挥社会规范的引导约束作用，深化道德领域突出问题治理。上海将从社会关注的难点热点、解决工作的顽症短板等入手，综合施策、标本兼治，推动市民在践行中提高道德境界，更好服务城市发展。结合创新社会治理，深化群众性精神文明创建活动。在全市各类创建活动中突出强化道德要求和道德实践，以"美丽家园""美丽乡村""美好生活"建设为重点，引导市民群众投身文明城区、文明村镇、文明社区创建；以加强企业社会责任和诚信制度化建设为重点，促进干部职工参与文明单位、文明行业创建；以注重家庭、注重家风、注重家教为重点，推动学校、社会、家庭"三位一体"共建文明家庭；以立德树人、尊师重道为重点，发动广大师生参与文明校园创建。结合规范市民行为，开展弘扬时代新风行动。开展"除陋习，践行新七不规范"宣传实践活动，教育引导广大市民马路不乱穿、车辆不乱停、垃圾不乱扔、宠物不扰民、餐食不浪费、言语不喧哗、守序不插队。结合中国国际进口博览会等重大活动，聚焦垃圾分类、文明交通、文明旅游、文明餐饮等突出问题，持续开展专项宣传和整治行动，发动市民以志愿服务等形式参与文明实践，推进学雷锋志愿服务制度化常态化，使"我为人人、人人为我"蔚然成风。结合实施乡村振兴战略，培育乡村文明新风尚。开展"美丽家园、绿色田园、幸福乐园"上海乡村振兴"三园"工程，把农村思想道德建设水平作为美丽乡村建设重要标尺，破除陈规陋习、注重文化涵育，开展移风易俗、普及科学知识，倡导乡规民约、培育淳朴民风，推动形成崇德明礼、绿色发展的现代文明乡风新气象。

发掘资源禀赋，形成上海特色

习近平总书记在上海考察时强调，上海是我们党的诞生地，党成立后党中央机关长期驻扎上海。上海要把这些丰富的红色资源作为主题教育的生动教材，引导广大党员、干部深入学习党史、新中国史、改革开放史，让初心薪火相传，把使命永担在肩，切实在实现"两个一百年"奋斗目标、实现中华民族伟大复兴的中国梦进程中奋勇争先、走在前列。上海将用好用足区域优势资源，用建党精神、爱国精神、城市精神引领社会，用红色文化、江南文化、海派文化润泽心灵，着力打造公民道德建设的亮点特色。充分发挥党的诞生地资源优势。作为中国共产党的诞生地，丰厚的建党历史资源和红色文化积淀是上海涵养城市精神文明的不竭源泉、推进公民道德建设的宝贵财富。上海将深入实施好"开天辟地——党的诞生地发掘宣传工程"，加强爱国主义教育基地和革命纪念设施建设保护利用，弘扬爱国主义、传承红色基因、赓续精神谱系。充分发挥上海文化品牌优势。提升新闻宣传的覆盖力、社会宣传的动员力、文艺精品的创作力、文化产业的服务力、网络空间的管控力，全面打响上海文化品牌，以丰富的文化养分满足精神文化需求，传承中华传统美德，弘扬社会主义道德。充分发挥长三角一体化发展优势。把贯彻落实《纲要》与服务长三角更高质量一体化发展国家战略相结合，发挥三省一市地缘相近、血缘相亲、文脉相连的天然优势，积极探索新时代公民道德建设协同发展的有效机制，推动长三角地区文化交流交融、精神文明互信共建、公民道德素养同步提高。

强化综合保障，提供有力支撑

贯彻落实好《纲要》，必须充分发挥法律法规的保障作用、公共政策的引导作用、工作机制的协调作用，形成多方参与、协同推进的工作格局。注重德法并举。法律是成文的道德，道德是内心的法律。主流价值与法律法规同频共振，可以保障和促进价值倡导和行动实践的有效统一。上海将持续加强道德领域的立法执法工作，深化实施《社会主义核心价值观融入法治建设立法修法规划》《关于进一步把社会主义核心价值观融入法治建设的指导意见》《上海市社会信用条例》《上海市生活垃圾管理条例》《上海市志愿服务条例》等一系列法规制度，重点结合营造良好营商环境，探索诚信建设联合激励和联合奖惩机制，以法治的力量维护道德、引领风尚、凝聚人心。注重齐抓共管。各单位各部门主动跨前、各司其职、高效协同，是扎实推进新时代公民道德建设的重要基础。上海将不断优化党委统一领导、党政齐抓共管、宣传部门组织协调、有关部门各负其责、全社会积极参与的工作格局，充分发挥宣传部门统筹协调的机制优势，加强联络沟通、工作指导、督促考核，形成优势互补、左右协作、上下联动的整体合力。注重责任落实。上海将探索建立文明创建台账清单制度，优化问题发现解决机制，明确各类问题特别是跨地区、跨行业、跨部门难点问题处置回应的责任主体，把公民道德建设任务分解到各责任部门。完善各级文明委主导、媒体和公众参与的综合考评机制，对标《纲要》要求，突出市民满意度，查找不足、及时改进，表彰先进、推广经验，常态长效推进公民道德建设。

国无德不兴，人无德不立。上海将在习近平新时代中国特色社会主义思想指引下，以贯彻落实《纲要》为契机，开启公民道德建设新征程，奏响精神文明建设新乐章，为上海国际大都市建设凝魂聚气、淳化风气、涵养心气，全面提升城市高质量发展的软实力、竞争力。

（作者为上海市委常委、宣传部长）

（《人民日报》2019 年 11 月 26 日）

▼ 开启新时代公民道德建设新征程

奋力谱写新时代公民道德建设新篇章

王 燕 文

　　党的十八大以来，以习近平同志为核心的党中央高度重视公民道德建设，立根塑魂、正本清源，作出一系列重要部署，推动道德建设持续深化、创新发展，取得了显著成效。随着中国特色社会主义进入新时代，公民道德建设也进入了一个崭新阶段。近年来，江苏深入落实习近平总书记提出的"建设经济强、百姓富、环境美、社会文明程度高的新江苏"重要指示精神，着力推进道德风尚高地建设，持续营造崇德向善、见贤思齐、德行天下的社会风尚，不断提高公民道德素质和社会文明程度。站在新的历史起点上，《新时代公民道德建设实施纲要》（以下简称《纲要》）的颁布，必将为公民道德建设提供更为强大的思想引领和科学的行动指南，我们要以习近平新时代中国特色社会主义思想为指引，坚持守正创新、探索实践，把《纲要》精神学习好、贯彻好、落实好，奋力谱写公民道德建设新的篇章，为实现中华民族伟大复兴中国梦汇聚澎湃的道德力量。

紧扣立德树人　筑理想信念之基

国无德不兴，人无德不立。一个国家、一个民族要同心同德迈向前进，必须有共同的理想信念作为支撑。习近平新时代中国特色社会主义思想是马克思主义中国化的最新成果，坚持不懈用这一重要思想武装全党、教育人民，引导人们把握丰富内涵、精神实质、实践要求，打牢信仰信念的思想理论根基，是做好新时代公民道德建设工作的首要任务。我们要始终把学习贯彻习近平新时代中国特色社会主义思想作为凝魂聚气、凝心聚力的战略工程来抓，积极运用嵌入式、互动式的传播方式，广泛开展面向基层的大众化、分众化理论宣讲，融入主题教育、典型宣传、创建活动之中，与人们日常生产生活紧密结合，与人们所思所想、关心关切紧密结合，让人们在润物无声中增强政治认同、思想认同、情感认同。要深入开展革命文化、革命精神教育，用好用活江苏丰富的红色资源，深化对"雨花英烈精神""周恩来精神""铁军精神""淮海战役精神"的研究阐释和教育实践，通过打造各类爱国主义教育基地、开展仪式感强的教育活动、创作富有感染力的文艺作品等，引导人们传承红色基因、赓续精神谱系、筑牢思想根基，像革命先辈那样，把个人理想融入实现国家富强、民族振兴、人民幸福的伟大梦想之中。

加强宣传阐释　立主流价值之魂

习近平总书记强调："核心价值观是一个民族赖以维系的精神纽带，是一个国家共同的思想道德基础。"推进新时代公民道德建设，离不开主流价值的引领。在当代中国，社会主义核心价值观就是全体人民在价值观念上的最大公约数，既体现着个人的道德标准，也体现着国家和社会的道德标准。我们要不断拓展核心价值观宣传教育的深度广度，坚持从最能形成共识的"爱国、敬业、诚信、友善"入手，深入宣传阐释社会主义核心价值观的丰富内涵和实践要求，找准核心价值观同人们思想道德情感的契合点，推动核心价值观入脑入心；坚持发挥各级各类媒体媒介的主阵地作用，统筹深化核心价值观宣传阐释，改进表达方式、呈现形式，尤其要注重新媒体、新技术的运用，让人们容易接受、乐于传播；坚持推动核心价值观融入人们的日常精神文化生活，进一步丰富"我们的节日""诵读学传"等活动内涵，形成有利于弘扬社会主义核心价值观的生活情景和社会氛围，使之像空气一样无处不在、无时不有，成为日用而不觉的行为准则。要不断从传统文化中汲取道德滋养，坚持以礼敬自豪的态度对待中华传统美德，挖掘和运用文化经典、历史遗存、文物古迹承载的丰厚道德资源，让中华文化基因更好植根于人们的思想意识和道德观念。江苏地处长三角地区，在漫长历史发展中孕育的江南文化，具有以德为尚的特质，是涵养道德品行的重要源泉。我们要充分发挥优秀传统文化优势，实施"江苏文脉整理与研究工程"，打造江南文脉论坛文化品牌，对丰富的江南伦理文化资源进行创造性转化、创新性发展，不断推动优秀传统文化现代化、时代化，引导人们明大德、守公德、严私德，使之成为全体人民精神生活、道德实践的鲜明标识。

强化实践养成　固遵德守德之本

道不可坐论，德不能空谈。加强公民道德建设，既需要通过教育引导和示范引领帮助人们掌握道德知识，更需要突出实践导向提高人们的自觉践行能力，推动人们在为家庭谋幸福、为他人送温暖、为社会作贡献的过程中提高道德境界。注重因势利导，积极搭建群众乐于参与、易于参与的道德实践平台载体。扎实推进新时代文明实践中心建设，从群众实际需求出发，因地制宜开展经常性、面对面、喜闻乐见的文明实践活动，宣传群众最想听的内容，讲解群众最想学的知识，提供群众最需要的服务，构建人们"心有所系、情有所寄"的精神家园；持续打造道德讲堂这一江苏道德建设品牌项目，推动道德讲堂在乡镇（街道）、城乡社区和文明单位全面覆盖，坚持采用"身边人讲身边事，身边人讲自己事，身边事教身边人"的方式，以道德体验和道德内化打动人心、温暖人心、凝聚人心，切实增强道德教育实践活动的吸引力和感染力。注重知行合一，着力解决认识和实践脱节问题。大力推进诚信建设制度化，强化社会责任意识、规则意识，围绕重点领域、重点人群有针对性地开展诚信主题实践活动，广泛开展"我们在一起""好邻居赛金宝"等主题活动，引导人们诚实做人、守信做事，推动形成守望相助、真诚互信的人际关系；大力推进志愿服务制度化，引导更多的人加入志愿服务队伍，使"有时间做志愿者，有困难找志愿者"

成为新的社会风尚；大力弘扬劳动精神、劳模精神、工匠精神，积极组织开展宣讲报告、座谈交流、技能竞赛等相关活动，引导人们立足岗位，不懈奋斗，始终保持昂扬向上、奋发有为的精神状态。注重革故鼎新，广泛开展移风易俗、弘扬时代新风行动。紧密结合社会发展实际，引导人们树立文明观念、养成良好行为习惯、提升道德水平，充分发挥村（居）民议事会、道德评议会、红白理事会等群众自治组织作用和党员干部示范带头作用，引导广大群众自觉追求简约适度、绿色低碳、健康文明的生活。注重时异事异，大力培养网络自律文明行为。主动适应信息传播方式和人们接受习惯的深刻变化，坚持"人在哪里、工作就延伸到哪里"，大力培育健康向上的网络文化；加强网络道德热点问题的有效引导，帮助网民形成正确的道德判断和道德责任；积极开展网络公益活动，搭建公益服务平台，引导广大网民踊跃参与"微公益"、传播"微文明"，让美德新风通过网络空间广为传扬。

完善制度保障　扬道德文明新风

　　党的十九届四中全会提出，建设中国特色社会主义法治体系、建设社会主义法治国家是坚持和发展中国特色社会主义的内在要求。法治与德治都是国家治理的重要手段，以法治承载道德理念，道德才有可靠制度支撑。深化公民道德建设，需要德法并举、德法相济，把道德导向贯穿法治建设全过程，促进各项法律法规更多体现道德要求，通过法律的强制力来规范人们的行为、确保社会道德底线。要发挥法律法规对道德建设的保障和促进作用。江苏在全国较早出台了把核心价值观融入法治江苏建设的实施意见等政策规定，我们将持续抓好贯彻落实，把体现社会主义核心价值观导向的道德要求融入市民公约、乡规民约、学生守则、行业规范、职业规则、团体章程等工作，积极推动社会信用、志愿服务、绿色文明等方面的立法工作，有序推进各地制定文明行为促进条例等地方性法规，用法治的力量促进人们文明素质和社会文明程度的提升。要深化道德领域突出问题治理。坚持德治与法治相结合的思维，综合运用经济、法律、行政和社会管理、舆论监督等手段，有力惩治失德败德、突破道德底线的行为，针对道德失范、严重失信、诋毁英雄、网络谣言、封建迷信等恶劣言行开展综合执法，针对食品药品安全、产品质量安全、生态环境、社会服务、公共秩序等领域群众反映强烈的突出问题逐一进行整治，引导人们强化准则意识和律己意识，做到心有所戒、行有所止，真正把歪风邪气遏制住，把良好道德风尚弘扬起来。

推进新时代公民道德建设，还要特别重视加强道德发展研究。道德实践活动需要正确的理论指导，理论对规律的揭示越深刻，对道德发展的引领作用就越显著。应当充分发挥高校、科研院所和智库的作用，加强对道德发展前瞻性、趋势性问题的研究，特别是针对价值共识与价值多元如何保持张力、道义取向与功利取向如何有效平衡、道德认知与道德践行如何统一、德治与法治如何协调、网络道德与现实道德如何良性互动等道德领域存在的一些热点、难点问题，进行深入理性思考、调查研究、对策探求，推动公共政策制定更加注重人文关怀、体现道德含量和伦理温度，体现维护社会公平正义的要求，为新时代公民道德建设贡献更多的智慧和方案。

（作者为江苏省委常委、宣传部长）

（《人民日报》2019 年 11 月 27 日）

打造与浙江"三个地"相适应的文明高地

朱 国 贤

国无德不兴，人无德不立。党的十八大以来，以习近平同志为核心的党中央高度重视公民道德建设，立根塑魂、正本清源，破立并举、守正创新，取得了历史性成就，人们的精神面貌焕然一新。习近平总书记身体力行、率先垂范，亲自谋划、亲自推动，创造性地提出了一系列新思想新观点新论断，为加强新时代公民道德建设指明了前进方向、提供了根本遵循。站在"两个一百年"奋斗目标历史交汇点，处于中华民族伟大复兴关键时期，中共中央、国务院印发《新时代公民道德建设实施纲要》（以下简称《纲要》），明确了新时代加强公民道德建设的总体要求、重点任务、具体举措，坚持思想引领与实践养成相统

一、总结经验与改革创新相结合、依法治国与以德治国相并进，是习近平新时代中国特色社会主义思想在道德建设领域的集中体现，是新时代公民道德建设新的顶层设计，是巩固全体人民团结奋斗共同思想道德基础的战略举措，从制度层面回答了"培养什么人、怎样培养人、为谁培养人"的根本问题，这对推动社会主义思想道德建设优势进一步转化为治理效能，具有重大而又深远的影响。

浙江是中国革命红船起航地、改革开放先行地、习近平新时代中国特色社会主义思想重要萌发地。社会主义思想道德基因深深地流淌在全省人民的血液里，融入人民群众创新创造的生产生活中，转化为生动的道德实践和高尚的价值追求。之江大地绽放出绚丽的道德之花，结出累累的文明硕果，为浙江改革发展提供了深沉的思想道德支撑。进入新时代，我们要以学习贯彻《纲要》为契机，深入挖掘浙江"三个地"蕴含的丰厚道德资源，注重引领性、突出群众性、增强针对性，在"落细落小"上下功夫，在"知行合一"上出成效，以"担当新使命、争做排头兵"的姿态，奋力打造与浙江"三个地"相适应的文明高地，为加快"两个高水平"建设汇聚强大的道德力量、凝聚深厚的道德滋养。

一、筑牢道德基石，着力画好习近平新时代中特色社会主义思想这个"同心圆"。伟大思想锻造道德基石，主流价值建构道德空间。推进新时代公民道德建设，首要解决的是"举什么旗""走什么路""定什么向"的问题。习近平新时代中国特色社会主义思想，是全党全国各族人民的思想之旗、精神之魂。学习宣传贯彻习近平新时代中国特色社会主义思想，是贯穿《纲要》的鲜明主线，是加强新时代公民道德建设的突出主题。作为习近平新时代中国特色社会主义思想重要萌发地，我们要立足浙江大地学思想、悟思想、用思想，引导广大干部群众确立思想理论的"定盘星"、坚定理想信念的"主心骨"，使伟大精神旗帜在全省人民心中高高飘扬，为新时代公民道德建设"铸魂""塑心""立基"。要聚焦重点群体，以党员干部、青少年学生和各行各业的典型人物为关键对象，完善分层级、分领域的学习制度，健全不忘初心、牢记使命的长效机制，坚持领导干部赴高校和基层作形势政策报告制度，建好用好"学习强国"等网络学习平台，引导人们不断从中学立场、学观点、学方法，找题目、找钥匙、找答案，真正做到行大道、明大德。要深化宣传普及，整合各种宣传资源和传播手段，深入开展习近平新时代中国特色社会主义思想的学习教育、研究阐释，深化"习近平新时代中国特色社会主义思想在浙江的萌发与实践"研究。组织"千支宣讲团、万名宣传员"下基层，开展"我最喜爱的习总书记的一句话""我在之江学新语"系列主题宣讲活动，加强对"王金法广播""李家播报""乡音宣讲"等基层理论宣传宣讲典型经验的总结推广，打造更多党的创新理论"飞入寻常百姓家"的基层模式。要回答实际问题。围绕人民群众关切的重大理论与实践问题，运用短视频、电视节目、综艺等手段，进行深入浅出、有说服力、接地气的解答，解疑释惑、析事明理、凝聚共识，使全体人民在理想信念、价值理念、道德观念上紧密团结在一起。

二、增强道德力量，努力续写弘扬红船精神、浙江精神这篇大文章。《纲要》强调，以爱国主义为核心的民族精神和以改革创新为核心的时代精神，是中华民族生生不息、发展壮大的坚实精神支撑和强大道德力量。浙江是民族精神与时代精神交相辉映的地方，浙江人民身上传承着奔流不息的红色基因和开拓奋进的精神力量，最为突出的体现就是红船精神、浙江精神。当年，习近平总书记在浙江工作时首次提出的以"开天辟地、敢为人先的首创精神，坚定理想、百折不挠的奋斗精神，立党为公、忠诚为民的奉献精神"为主要内涵的红船精神，亲自提炼的"求真务实、诚信和谐、开放图强"的"十二个字"浙江精神，是以爱国主义为核心的民族精神和以改革创新为核心的时代精神的集中体现，构筑了浙江人民的精神空间，锚定了浙江发展的精神坐标。加强新时代公民道德建设，必须持之以恒地传承、与时俱进地发展、富有创造地践行红船精神、浙江精神，守牢浙江人民的"根"与"魂"。要结合新的使命和任务，广泛开展红船精神、浙江精神宣传教育活动，着力讲好红船故事、党的故事、中国故事、浙江故事，深入挖掘红船精神的时代内涵，不断增强推进"八八战略"再深化、改革开放再出发的根本动力，激励全省人民走好新时代的长征路。

三、提升道德高度，精心打造"最美现象"这张金名片。伟大时代呼唤伟大精神，崇高事业需要榜样引领。先进典型是有形的正能量，也是鲜活的价值观。他们的身上既见信仰信念，又见人格风骨，更见家国情怀。近年来，浙江注重以先进典型引领道德风尚，用榜样力量温暖启迪人心，深入挖掘群众身边的典型，广泛宣传源于平凡的感动，经过多年的精心培育，形成了"最美家庭""最美警察""最美教师""最美医生""最美志愿者"等来自各行各业的"最美现象"。"最美"成为人们心目中榜样的代名词，成为产生刷屏效应的流行语，由"风景"变成了"风尚"。先进典型，代表着一个时代的道德高度。我们要坚持以"最美现象"为抓手，深化"最美浙江人"主题宣传活动，广泛开展最美人物、感动人物、身边好人、道德模范等典型选树培育活动，让社会主义核心价值观蔚然成风。先进典型的产生，离不开潜移默化、日积月累的道德实践养成。要持续深化群众性精神文明创建活动，引导人们在参与中践行主流价值、提高精神境界。要聚焦日常生活"关键小节"，组织开展文明出行、文明交通、文明旅游、文明居住、文明就餐等主题实践活动，倡导养成"排队守秩序""礼让斑马线""有序停单车""文明养宠物""垃圾要分类""就餐不浪费"等新风尚，引导人们讲文明话、办文明事、做文明人。要充分发挥新时代文明实践中心的平台作用，加强志愿服务制度化常态化专业化建设，广泛开展扶贫救灾、敬老救孤、恤病助残、法律援助、文化支教、环境保护、健康指导等文明实践活动，提升人民群众的文明素养和全社会的道德水准。要注重道德关爱的激励保障作用，建立推广"道德信贷""道德银行""道德绿卡"等道德模范关爱礼遇机制，树立"德者有得、好人好报"的价值导向。

四、优化道德生态，切实营造崇德向善这片好土壤。良好的社会道德环境，是加强公民道德建设的沃土。要健全道德建设阵地网络。以新时代文明实践中心、县级融媒体中心、农村文化礼堂为主要依托，坚持线上线下协同推进，整合文化活动室、农家书屋、春泥计划、青年之家、妇女之家、居家养老等基层公共服务阵地设施，建立健全"德文化""孝文化""慈文化"等道德传播阵地，构建覆盖机关、企业、学校、街道、社区、村镇等各个领域的"道德讲堂""道德馆""好人馆""乡贤榜""道德广场"，不断拓展道德实践的载体和空间。要完善道德建设法治支撑。法律既是底线的道德，又是道德的保障。浙江作为"法治、德治、自治"三治融合的社会基层治理模式首创地，先后颁布了《浙江省志愿服务条例》《关于进一步把社会主义核心价值观融入法治浙江建设的实施意见》等法规文件，各地制定了文明行为促进条例，把道德软规范转化为法规硬约束。要深入贯彻党的十九届四中全会提出的"坚持依法治国和以德治国相结合，完善弘扬社会主义核心价值观的法律政策体系，把社会主义核心价值观要求融入法治建设和社会治理"要求，加快推进社会诚信、见义勇为、志愿服务、孝老爱亲、文明旅游等地方立法，推动融德入法、以德入规。要优化社会道德环境。加强道德领域执法司法衔接，让违背道德底线的行为受到惩治。加强践行社会主义核心价值观的激励和惩戒体系建设，集中治理诚信缺失等突出问题，完善守信联合激励和失信联合惩戒机制，构建不敢失信、不能失信、不愿失信的机制和环境，建设信用浙江。

（作者为浙江省委常委、宣传部长）

（《人民日报》2019 年 12 月 17 日）

坚持以先进典型引领思想道德建设

虞 爱 华

伟大时代呼唤伟大精神，崇高事业需要榜样引领。党的十八大以来，以习近平同志为核心的党中央高度重视公民道德建设，习近平总书记亲自谋划、身体力行、率先垂范，推动崇尚英雄、尊重模范、学习先进成为风尚，推动人民思想觉悟、道德水准、文明素养不断提高，思想道德领域呈现积极健康向上的良好态势。安徽省委认真学习贯彻习近平新时代中国特色社会主义思想特别是关于思想道德建设的重要论述，以选树好人、先进典型为着力点，持续打造"好人安徽"品牌，在立德树人、以文化人上取得积极进展。目前，全省共有 4 人获"时代楷模"称号，22人当选全国道德模范、1375 人荣登"中国好人榜"，总数均居全国第一。

《新时代公民道德建设实施纲要》系统体现了习近平总书记关于思想道德建设的重要论述精神，科学总结了党的十八大以来公民道德建设的生动实践，是中国特色社会主义制度建设的重大成果，是推进新时代公民道德建设的纲领性文件，为实施公民道德建设工程提供了重要遵循。全面贯彻落实《纲要》要求，充分发挥先进典型引领作用，奋力谱写公民道德建设新篇章，着重在"五突出、五推动"上下功夫：

一、突出"层层推"，推动正能量无限量。习近平总书记指出，"注意总结典型，及时起示范推动作用"。《纲要》明确，精心选树时代楷模、道德模范等先进典型，持续推出各行各业先进人物，让不同行业、不同群体都能学有榜样、行有示范。安徽坚持以评选推荐"中国好人"、重大典型为抓手，持续发掘一批过得硬、立得住、叫得响的先进典型和身边好人，引导人们见贤思齐、择善而从。自下而上荐。从楼宇、村居、企业、学校等基层单位抓起，组织推荐、社会评荐、个人自荐相结合，实现村乡县市省五级好人推选全覆盖。近3年，累计新增各级各类好人35.6万余人，是前5年总和的1.8倍。各行各业找。健全重大典型会商评估机制，条块结合、扩大覆盖，2017

年以来，推出省级以上重大先进典型598人，是前5年总和的2倍多。线上线下推。在各级文明网开设好人线索推荐平台，开通热线电话、微信、微博等推荐途径，让群众随时随地推荐身边好人好事，成为正能量的"伯乐"。哪里有榜样，哪里就有新气象。从改革先锋小岗村"大包干"带头人群体，到脱贫攻坚奖获奖先进单位；从"大国工匠"许启金，到92岁的乡村退休教师叶连平；从为韩国患者捐献骨髓的"草根"青年张宝，到保护群众英勇牺牲的年轻基层纪检监察干部"时代楷模"李夏；从在扶贫路上献出生命的曾翙翔，到荣获全国脱贫攻坚贡献奖的刘双燕；等等。来自全省各行各业的好人、典型不断被发掘出来，犹如一盏盏明灯，照亮并温暖着更多人砥砺前行。

二、突出"天天见"，推动好声音成强音。习近平总书记强调，"要深入开展宣传学习活动，创新形式、注重实效，把道德模范的榜样力量转化为亿万群众的生动实践"。《纲要》明确指出，广泛宣传先进典型的先进事迹和突出贡献，树立鲜明时代价值取向，彰显社会道德高度。看到听到，才有心动行动。安徽坚持省市县协同行动、内宣外宣网宣共同发力，推动好人和典型学习宣传向基层走、向网上走、向心里走。提升到达率。充分发挥各级新闻媒体主渠道作用，开设"榜样"等专栏专题，安徽卫视、广播电台新闻联播常态化推出先进典型，让群众"天天见"。好人馆、好人街、好人巷、好人大道、好人主题公园实现县级以上全覆盖，各类学典型、当先进公益广告抬眼可见、驻足即观。提升影响力。组织"两线三巡"：线上线下好人戏剧巡演、典型事迹巡展、楷模故事巡讲，将先进事迹、凡人善举改编成黄梅戏、花鼓戏，拍成微电影、电视剧，写成小说、歌曲。坚持"移动优先"，制作大量形象直观、具有冲击力的短视频，让更多年轻人爱看常看方便看。提升互动性。组织好人模范走上讲台舞台，与人们面对面交流。创新开展改革先锋、青年榜样、好人模范、文化名家、劳动模范、工匠大师等"六进"校园系列活动，已举办 50 多场，6.6 万名师生现场观看，704 万名网民通过直播观看。"六进"校园活动，被中央有关部门评为思政课创新案例。通过遵循道德建设规律，善做上乘宣传，让好人模范影响无处不在、无时不有，典型榜样引领春风化雨、润物无声。

三、突出"处处敬"，推动好人成"名人"。习近平总书记指出，"崇尚英雄才会产生英雄，争做英雄才能英雄辈出"。对待英雄的态度，是对待历史的态度，也是对待今天和未来的态度。《纲要》明确，要尊崇褒扬、关心关爱先进人物和英雄模范，维护他们的荣誉和形象。安徽从 4 个方面入手，全力做好先进模范礼敬礼遇工作。精神上嘉奖。对群众推选产生的基层典型，由基层党组织张红榜、发喜报、入史志。对县级以上先进模范，举办隆重颁奖仪式，披绶带、戴红花、发证书。凡是重大纪念日、重大节庆活动，属地党委、政府邀请好人典型作为嘉宾观礼参会，让他们有光彩、享荣耀、受尊崇。社会上优待。对劳动模范、道德模范等先进典型，在公共服务上给予倾斜和优先，在景区旅游、公共交通、就业就医就学等方面给予优惠和方便，组织文艺家为他们写春联、拍全家福、演节目，让他们既有"面子"又有"里子"。政治上关怀。目前，全省各级各类典型当选各级"两代表一委员"总数超过 1000 人，其中，我省 57 名党的十九大代表中，许启金、高思杰、余静等 10 位模范光荣当选。舆情上把控。将涉及好人模范的敏感舆情纳入舆情监测，依法依规严肃惩戒污蔑诋毁的恶劣言行。通过多管齐下、礼贤敬德，在全社会形成"爱人者人恒爱之，敬人者人恒敬之"的良性循环，让各类好人模范成为人们心中的"偶像"、社会热议的"网红"。

四、突出"个个帮"，推动好人有好报。习近平总书记强调，"各级党委和政府要关心、关怀、关爱英雄模范。"《纲要》明确，要建立健全关爱关怀机制，形成德者有得、好人好报的价值导向。"只讲奉献、不求回报",是中华民族的传统美德。不图回报,不等于不该回报。好人模范和英雄人物大都来自基层一线、平民"草根",他们在工作和生活中难免会有这样那样的困难或不幸,安徽着力抓"两扶":一方面,扶助生活困难。专门设立道德基金,通过安排专项资金、发动社会捐助、组织慈善救助等方式,帮扶困难好人模范。截至目前,共募集资金1300多万元,慰问和帮扶好人模范1.9万人次,解决他们一些后顾之忧。完善见义勇为奖励补偿等相关机制,通过追认烈士、认定伤残、医疗补助、照顾子女入学等,做到让英雄流血不流泪。另一方面,扶持生产经营。创新实施"道德信贷工程",联合有关金融机构,以诚信做抵押,以道德做担保,向好人模范发放小额信贷资金,帮助他们发展生产、改善经营。近几年,累计发放道德信贷突破11亿元,续贷率达60%以上,没有出现一笔坏账,受惠5000多人次。通过一系列务实管用的帮扶奖励措施,让好人感受到党和政府的温暖,真正构建起"别人有难好人帮、好人有难大家帮"的长效激励机制。

五、突出"人人学",推动盆景变风景。习近平总书记指出,加强思想道德建设,"提高道德实践能力尤其是自觉践行能力","一花独放不是春,百花齐放春满园"。

坚持以先进典型引领思想道德建设

《纲要》明确，要坚持提升道德认知与推动道德实践相结合，鼓励人们在日常生活中养成好品行。安徽坚持务实戒虚、落细落小，着力抓"两体"，不断彰显先进性、拓展广泛性、增强时代性、提升实效性。一手抓重点群体。在扩大道德建设覆盖面的基础上，更加注重发挥重点人群的示范带头作用。实施"名人做好人"计划，联合行政管理部门、行业协会等，对公职人员、教育科技体育界代表人物、文艺名家、知名企业家等公众人物，分领域制定具体引导办法。从党员干部抓起，持续推进移风易俗，省纪委监委、省委组织部、省文明办联合下发党员干部移风易俗禁止性规定，已问责违规党员干部210多名。一手抓实践载体。推深做实全省2万多个文明实践中心（站、所），着力打造融理论武装、道德教化、志愿服务等于一体的综合平台和精神家园。在县级文明实践中心挂牌成立志愿服务促进中心，广泛动员和运用社会力量，组建起2.7万支、110万名文明实践志愿者队伍，把统筹解决思想问题和实际困难作为文明实践的主攻方向，形成人人学习党的创新理论、处处践行社会主义核心价值观的生动局面。

（作者为安徽省委常委、宣传部长）

（《人民日报》2019年12月18日）

做好新时代公民道德建设的
山东答卷

关 志 鸥

党中央、国务院印发《新时代公民道德建设实施纲要》（以下简称《纲要》），对新时代加强公民道德建设抓什么、怎么抓、实现什么目标作出顶层设计，强基固本、守正创新、意义深远。山东是孔孟之乡、红色热土。党的十八大以来，习近平总书记多次考察山东，我们要牢记习近平总书记嘱托，在落实《纲要》上担当作为、走在前列，努力把新时代公民道德建设的山东答卷做实、做深、做精彩。

一、高举思想旗帜，让理想信念的明灯更闪亮。《纲要》把筑牢理想信念之基作为新时代公民道德建设第一位的重点任务，强调要坚持不懈用习近平新时代中国特色社会主义思想武装全党、教育人民，打牢信仰信念的思想理论根基。我们要着力深化理论宣传宣讲工作，强化思想引领，不断走深走实，让党的创新理论"飞入寻常百姓家"。重点用好四个载体：一是网络学习平台。要着眼"丰富内容、创新形式、增强互动"，持续巩固提升，制定灵活多样的激励措施，提高推广使用质量。二是百姓宣讲活动。今年开展"中国梦·新时代·祖国颂"百姓宣讲1.6万余场，"红动齐鲁"红色故事讲解大赛118万余人参与。要进一步创新基层宣讲，壮大百姓宣讲员队伍，开展讲故事能力培训，增强理论宣讲针对性实效性。三是典型引领示范。山东近年来先后涌现出5位全国重大典型和"时代楷模"、17位全国道德模范、9位"最美奋斗者"。要创新典型宣传，围绕朱彦夫、郭永怀、屯垦女兵等先进典型，推出一批影视作品和慕课、短视频、微电影，引导全社会学习英雄品格、弘扬奋斗精神。四是学校思想政治教育。把"四个自信"教育作为红线贯穿教育教学全过程，纳入学校思想政治理论课重要内容。加强思政课教师、辅导员队伍建设，加强思政课改革创新，制定中小学学生文明规范，引导青少年树立远大志向，形成好思想、好品行、好习惯，扣好人生第一粒扣子。

二、突出以文化人，让优秀文化的力量更彰显。《纲要》提出，充分发掘文化经典、历史遗存、文物古迹承载

守正创新的
践行

的丰富道德资源，弘扬古圣先贤、民族英雄、志士仁人的嘉言懿行，让中华文化基因更好植根于人们的思想意识和道德观念。齐鲁文化源远流长、底蕴深厚，蕴含着丰厚的道德滋养，要坚持古为今用、去粗取精，不断赋予其新的时代内涵、焕发新的时代风采。重点实施四个工程：一是优秀传统文化传承发展工程。近两年来，我们按照习近平总书记关于推进中华优秀传统文化创造性转化、创新性发展的重要指示积极工作，孔子文化节、尼山世界文明论坛、尼山世界儒学中心、孔子博物馆、尼山圣境等系列活动、重点项目落地见效，明年将高规格举办第六届尼山世界文明论坛，努力把尼山世界儒学中心打造成为集研究阐发、人才培养、普及推广和交流传播于一体的儒学高地。同时，积极对接国家战略规划，高起点抓好大运河、长城两个国家文化公园建设和黄河文化保护利用，策划组织黄河流域文化发展论坛，抓好尼山圣境二期、南阳古镇、运河总督衙门、南旺水利枢纽遗址和大运河申遗博物馆、稷下学宫等项目，为传承优秀传统文化提供有力支撑。二是红色基因传承工程。2019年重点推出的民族歌剧《沂蒙山》，已在国家大剧院、上海国际艺术节等省内外演出80余场，荣获第十五届"五个一工程"优秀作品奖，各界普遍评价这是中国民族歌剧艺术的经典之作，是当代文艺培根铸魂的创新之作。要持续放大其品牌效应，建设"沂蒙山梦工厂"演艺模式，打造提升民族舞剧《乳娘》，创作推出电视剧《永恒的使命》《势不可挡》等，形成红色经典系列。编制爱国主义教育基地建设规划，着力提高精细化管理和服务水平，充分发挥其在新时代社会主义精神文明建设中的重要作用。三是文艺精品创作工程。今年，中国美展、书法展、摄影展"三大国展"首次齐聚山东，取得了获奖作品和群众文化的双丰收。我们要加强文艺精品创作生产，围绕全面建成小康、建党 100 周年等重大节点，策划 10 个重点选题集中攻关，推出一批"两个效益"俱佳的精品力作，用优秀文艺作品温润心灵、启迪心智、引领风尚。四是文化惠民工程。山东连续三年举办文化惠民消费季，给广大群众带来了文化实惠。要创新公共文化服务机制，加强"齐鲁文化云"公共服务平台建设，扩大山东剧场院线，推动各类文化展馆、展会"夜间开放"，更好地以文化人、以文育人。

三、坚持面向基层，让道德实践的基础更扎实。《纲要》指出，各类阵地是面向广大群众开展道德教育的基本依托。要瞄准基层需求，夯实基层阵地，创新基层工作，推动公民道德建设强基固本、常态长效。重点强化三个基础：一是"两个中心"建设。新时代文明实践中心和县级融媒体中心是线上线下的"姊妹篇",我们将探索建立"两个中心"统筹协调联动机制,构建统一部署、统一指挥的工作体系,整合教育、医疗、共青团、妇联等系统资源,精准对接群众需求,实现百姓点单、志愿接单、政府买单。要全面推行"媒体＋政务＋服务"模式,使融媒体中心集文明实践、志愿服务、市民热线、舆情调度等多功能于一体,成为干群"连心桥"、便民"直通车",形成共建共治共享的基层社会治理新模式。二是基层道德实践。以"孝诚爱仁"为重点,深入实施"四德工程",开展各具特色的道德实践养成活动,推广青岛"邻居节"经验,持续推动社会主义核心价值观落细落小落实,做到县有道德品牌、村有乡规民约、家有家风家训。三是学雷锋志愿服务。目前,山东志愿服务网注册志愿者 600 余万人,志愿团体约 5 万个,我们将持续开展学雷锋志愿服务活动,建立志愿服务中心,整合盘活资源,完善激励褒奖制度,打造一批"不走的服务队",推动志愿服务与基层文明实践中心有机对接,使"我为人人、人人为我"蔚然成风。

四、创新体制机制,让治理体系的导向更鲜明。《纲要》指出,道德建设既要靠教育倡导,也要靠有效治理,强调要发挥法治对道德建设的保障和促进作用。我们要把贯彻《纲要》与落实党的十九届四中全会精神结合起来,着力在完善治理体系、强化制度约束、提高治理能力上下功夫。重点用好三个抓手：一是征信体系。建立完善守信联合激励和失信联合惩戒机制，推行诚信"红黑名单"制度，对诚信缺失问题开展专项治理，办好"法信通·山东省失信被执行人曝光台"，有力惩治失德败德、突破道德底线的行为，形成扶正祛邪、惩恶扬善的社会风气。二是文明创建。把落实《纲要》作为各类文明创建的重要内容，修订省级文明创建管理办法，推动各地出台文明行为促进条例，完善测评体系，全面实行动态管理，强化正向激励作用。三是意识形态工作责任制。把公民道德建设纳入党委（党组）意识形态工作责任制考核，对因工作不主动、落实不到位引发问题的及时下发责任告知书，倒逼各级查短板、补不足，推动形成齐抓共管、共建共享的良好局面。

（作者时任山东省委常委、宣传部长）

（《人民日报》2019 年 12 月 19 日）

深化公民道德建设
培育出彩时代新人

江 凌

　　《新时代公民道德建设实施纲要》（以下简称《纲要》）通篇贯彻习近平新时代中国特色社会主义思想，特别是习近平总书记关于公民道德建设重要论述精神，科学分析了新时代对公民道德建设提出的新要求，进一步明确了新时代公民道德建设的目标任务。《纲要》坚持公民道德建设的社会主义方向，坚持社会主义核心价值观引领，坚持中华优秀传统文化滋养，继承了我们党推进公民道德建设的优良传统，遵循了道德建设的基本要求、基本规律。《纲要》立足新时代新形势新任务，强化了法治保障、网络空间、生态文明、对外交往等方面，设计了扎实推进新时代文明实践中心和县级融媒体中心建设等新载体，增强了道德建设的吸引力、感染力。《纲要》的颁布标志着我们党对道德建设的规律性认识达到了新高度，对于决胜全面建成小康社会、开启全面建设社会主义现代化国家新征程，具有十分重要的意义。

当前，河南正深入学习贯彻习近平总书记考察调研河南时重要讲话精神，奋力谱写中原更加出彩的绚丽篇章。《纲要》的出台实施，为我们深化公民道德建设、培育出彩时代新人提供了根本遵循和强大动力。我们将深入学习领会《纲要》的思想精髓和核心要义，围绕目标任务，抓住重点领域和关键环节，着力培育千千万万出彩河南人，推动全民道德素质和社会文明程度再上新台阶。

以理想信念立根本，培养时代新人。培养什么样的人、怎样培养人始终是公民道德建设的根本问题。《纲要》在总体要求中开宗明义提出，要培养和造就担当民族复兴大任的时代新人，并把筑牢理想信念之基作为首要任务，体现了鲜明的目标导向。贯彻落实《纲要》，就要培根固本，培养造就千千万万在思想水平、政治觉悟、道德品质、文化素养、精神状态等方面，同新时代要求相符合的社会主义事业建设者。习近平新时代中国特色社会主义思想是全党全国人民的思想之旗、精神之魂，是坚定理想信念的强大思想武器。我们将创新科学理论学习宣传平台

守正创新的

践行

载体、方法手段，将其嵌入新闻舆论、社会宣传、文化产品、课堂教学等各方面，引导人们深刻把握丰富内涵、精神实质、实践要求，进一步增强对党的政治认同、思想认同、理论认同、情感认同，进一步树牢共产主义远大理想和中国特色社会主义共同理想。坚定的理想信念必须扎根中国大地、厚植文化自信。以中原文化为中心的黄河文化是中华文明的根与魂，是涵养文化自信的重要源泉。我们将着力推进中原文化、黄河文化与科技、资本、人才等生产要素深度融合，开发一批可感知、可触摸、可互动、可体验、可分享的文化产品和服务，以新业态赋予黄河文化、中原文化新生命、新魅力，让人们在优秀传统文化的滋养中，不断增强做中国人的骨气和底气。青少年是祖国的未来，民族的希望，正处于理想信念启蒙、世界观人生观价值观形成的关键时期。我们将结合青少年的代际特点，突出学校教育这个主渠道，着力推动省市县三级党政领导班子成员进大中小学讲思政课、道德法律课，开展形势政策教育，积极探索"课程思政"、网络思政和书院制育人机制，以高质量的思想政治工作，引导青少年扣好人生第一粒扣子。

以立破并举树主导，强化价值引领。有什么样的价值引领，就会有什么样的社会风尚。《纲要》鲜明提出，坚持以社会主义核心价值观为引领，以主流价值建构道德规范、强化道德认同、指引道德实践，引导人们明大德、守公德、严私德。贯彻落实《纲要》，就是要把社会主义核心价值观融入公民道德建设各方面、全过程，在"立"和"破"的结合中，更好发挥引领作用。"立"就是立标杆、立典型。先进典型是有形的正能量、鲜活的价值观。河南先后有6人被授予"时代楷模"，18人荣获"全国道德模范"称号，16人被评为"感动中国"年度人物，这些"出彩河南人"，都是践行社会主义核心价值观的典型代表。我们将加强各类先进典型评选平台的整合，完善先进典型培养选树机制，打造"出彩河南人"新闻发布厅，推出更多各行各业、不同层次的身边好人、道德模范，让人们从身边榜样中感知、领悟、践行社会主义核心价值观。"破"就是要针对道德领域的突出问题，通过经济、法律、技术、行政和社会管理、舆论监督等各种手段进行惩戒，在扶正祛邪、惩恶扬善中引导人们坚守道德底线。我们将充分发挥"一约四会"规范约束作用，持续开展移风易俗活动，强力推进农村炫富攀比、大操大办、薄养厚葬、封建迷信、赌博败家等陈规陋习和不良风气的治理，在全社会鲜明树立衡量是非曲直的价值标尺。

以志愿服务为牵引，促进实践养成。道德建设的生命力在于践行。《纲要》就广泛开展弘扬时代新风行动、深化群众性创建活动、深入推进学雷锋志愿服务等提出了明确要求、作出了具体部署，并设计了许多新载体新项目，充分体现了群众性、实践性。从实际工作上看，学雷锋志愿服务是深化道德实践的有效载体，新时代文明实践中心是深化道德实践的有效平台。我们将以 20 个全国试点县市为示范带动，精心策划志愿服务项目，通过项目招募志愿队伍、孵化志愿组织，推进学雷锋志愿服务制度化、常态化。在项目策划上，将重点结合脱贫攻坚、移风易俗、文化科技卫生"三下乡"、群众性精神文明创建等，广泛开展"扬家风，传家训"、孝老爱亲、邻里互助、志愿服务乡村行等活动，既解决思想问题，又解决实际问题；既促进形成良好家风、淳朴民风、文明社风，又有力推进社会治理现代化。在健全机制上，将进一步完善登记管理、人才培养、项目运作、监督评估等配套制度，特别是进一步健全完善志愿服务组织孵化制度，在项目开发、能力培养、业务合作等方面采取有针对性的扶持措施，使其更好地承接公共服务、参加公益创投、获取政府补贴及社会捐赠，不断增强持续发展的动力。

以共建共治聚合力，提升网络道德。网络空间是亿万人民共同的精神家园，网络空间道德水平体现了社会治理体系和治理能力现代化水平。《纲要》一个鲜明的特点就是创新提出了抓好网络空间道德建设这个重要任务。贯彻落实《纲要》，就要深刻认识到网络已经成为人们新的生产生活方式这个时代趋势，深刻把握网络强大的社会组织动员功能，不断提升用网管网治网能力，牢牢占据道德建设网络新阵地。我们将深入实施网络内容建设工程，围绕网上热点话题和突发事件精心策划议题，借助问答社区、直播平台等渠道，吸引广大网友积极讨论，引导网友在思想碰撞交流中明辨是非、分清善恶、凝聚共识，让正确道德取向成为网络空间的主流。将充分发挥互联网平台的传播优势、互动优势，坚持线上线下一体推进的基本理念，深入开展"网聚中原正能量，争做河南好网民"等系列活动，推动线下行之有效的道德实践场景在网上广为宣传、线上热议的道德现象在线下有针对性地得以解决，以共建推动共治、以共治促进共享。将深化与微博、微信、抖音、快手等知名互联网社交平台的合作，围绕脱贫攻坚、环境治理、扶危济困等组织开展广泛多样的网络公益、网络慈善活动，实现资源与需求的有效对接，擦亮网络的正能量底色。将积极探索推动大数据、区块链、云计算等先进技术在公益捐助、诚信建设等领域的运用，建立完善公益行为积分制度、记录制度，更好助力全社会道德建设。

（作者为河南省委常委、宣传部长）

（《人民日报》2019 年 11 月 28 日）

把新时代公民道德建设任务落地落实

张　鸣

中国特色社会主义进入新时代，对公民道德建设提出了新的更高要求。党中央、国务院印发《新时代公民道德建设实施纲要》，正当其时，意义深远。党的十九届四中全会提出，坚持以社会主义核心价值观引领文化建设制度，实施公民道德建设工程。贯彻落实《新时代公民道德建设实施纲要》，既是宣传思想战线践行使命任务的内在要求，又是贯彻落实党的十九届四中全会精神的重要方面。我们要深学笃用习近平总书记关于道德建设的重要论述，结合重庆实际，着眼育德于心、成德于行、弘德于治，以滴水穿石的精神、久久为功的韧劲，把新时代公民道德建设任务落地落实。

一、突出"榜样可学、人人愿学",推动"育德于心"。选好用好先进典型。学习宣传先进典型是道德建设的重要方式。近年来,重庆涌现出"时代楷模"马善祥、杨雪峰,全国道德模范徐前凯、谢彬蓉,"最美奋斗者"冉绍之等先进典型,他们的事迹生动诠释着道德的力量,深深影响着人们的言行。研究制定先进典型长期规划和阶段性培养计划,坚持每月评选各行各业"最美人物",每年评选"感动重庆十大人物",每两年评选"富民兴渝贡献奖",综合运用报告会、新闻报道、文艺作品等方式,广泛宣传其优秀品德,让人们学有榜样、行有示范。建立道德典型关心关爱基金,给予先进典型物质慰问或困难救助,推动形成德者有得、好人好报的价值导向。充分用好红色资源。红色资源是道德建设的优质资源。重庆是一座英雄的城市,有着丰富的红色资源。"红岩精神"跨越时空,温润着一代又一代人的心灵。我们始终注重从红色资源中汲取道德建设的正能量,常态化组织各行各业干部群众参观革命遗址,接受党史、新中国史教育,引导其学习革命英烈,升华道德境界。深化拓展具有地方特色的主题活动,持续组织全市爱国主义教育基地到基层一线巡展,推动川剧《江姐》、话剧《红岩魂》等红色剧目赴市内外展演,精心开展"讲红色故事、讲革命精神"活动,使人们从红色经典中获得情感滋养、道德教化和价值引领。注重家庭家教家风。家庭是社会的基本细胞，是道德养成的起点。近年来，重庆持续开展"家风润万家"主题活动，评选出 1.3 万余个"最美家庭"，推动美德在家庭中生根、在亲情中升华。大力弘扬中华民族传统家庭美德，倡导现代家庭文明观念，通过微访谈、风采展示、巡展巡演、交流评比等多种方式，组织党员干部带头议家风、社区居民家家立家训、青少年学生躬行传家礼、干部群众一起评家庭。结合培育和弘扬社会主义核心价值观，利用道德讲堂、梦想课堂、社区学校等载体，积极建设具有时代特征、重庆特色的孝亲敬老文化，推动形成爱国爱家、相亲相爱、向上向善、共建共享的社会主义家庭文明新风尚。

二、突出"实践可为、人人能为"，推动"成德于行"。深入开展文明创建。各类群众性创建活动是人民群众自我教育、自我提高的生动实践。近年来，重庆坚持把文明创建的过程作为造福群众的过程，以扎实有效的工作推动了全民道德素质提升。制定市级"五大创建"工程指导性措施，使创建活动进一步突出道德要求，充实道德内容，不断将社会公德、职业道德、家庭美德、个人品德建设贯穿到创建全过程。坚持为民利民惠民，注重协同合作，强化群众参与，精心开展"文明在行动·满意在重庆""文明在行动·重庆更洁净"等工作，引导人们在自觉遵守工作生活、社会交往、公共场所等文明规范中提高精神境界、培育文明风尚。持续推进诚信建设。中华民族有着重信守诺的传统美德。我们大力加强诚信制度化建设，把讲诚实、重信用、守规则要求融入市民行为准则，推动各行业各领域制定诚信公约，积极构建覆盖全社会的征信体系。广泛开展"诚信建设万里行""诚信兴商宣传月"等活动，评选发布"诚信好人""诚实守信模范"，宣传推介诚信先进集体，推动形成诚实守信、重信守诺的良好社会风尚。组织发布守信联合激励和失信联合惩戒备忘录，开展诚信等级评价，建立信用"红黑名单"制度，切实营造守信者荣、失信者耻、无信者忧的诚信社会环境。大力倡导志愿服务。志愿服务是践行社会主义道德的重要途径。我们依托行业系统健全各类专业志愿服务组织，引导广大志愿者在参与重大活动、投身脱贫攻坚、助力乡村振兴中，留下了美丽身影，散发着道德馨香。大力推进志愿服务常态化项目化规范化，加强志愿服务站、志愿服务岗、信息服务平台建设，深化"山水之城　美丽之地"主题志愿服务，精准实施生态文明传播、守护青山、守护绿水、城市提升、美丽乡村等5类志愿服务项目，广泛开展"文明新生活"垃圾分类、"我们一起奔小康"扶贫志愿服务活动，引导人们把志愿服务作为生活方式、生活习惯。充分发挥志愿服务联合会的作用，进一步完善激励褒奖制度，开展先进典型推选，实行服务星级评定，推进志愿者数据进入"信用重庆"信息系统，推动"我为人人、人人为我"在全市蔚然成风。

三、突出"夯基固本、人人共建"，推动"弘德于治"。大力夯实基层基础。公民道德建设的对象在基层、主体在基层，必须精准对接群众需求，扎实做好抓基层、打基础的工作，推动公民道德建设水平全面提升。我们大力加强新时代文明实践中心建设，广泛开展思想道德学习教育实践。切实抓好县级融媒体中心建设，推动媒体融合向纵深发展，讲好讲新美德故事，精心打磨一批"爆款"产品。发挥爱国主义教育基地道德教育功能，以讲课、体验、参观、巡展等方式学习道德榜样，汲取精神力量。利用重庆图书馆、三峡博物馆、重庆少年宫等公共文化设施，用好宣传栏、显示屏、广告牌等户外媒介，有针对性地开展道德教育宣传。加强网络空间道德建设，深入实施网络内容建设工程，发展积极向上的网络文化，让正确道德取向成为网络空间主流。紧紧抓住重点群体。抓住党员干部、青少年和社会公众人物三大重点群体，是公民道德建设的关键所在。发挥党员干部的表率作用，严格落实全面从严治

守正创新的
践行
▼

党要求，大力推进党员干部政德建设，深化拓展"以案说纪、以案说法、以案说德、以案说责"警示教育，以党员干部的良好道德操守引领全社会的道德风尚。发挥青少年生力军作用，健全家庭、学校、政府、社会相结合的德育体系，构建课堂教学、社会实践、校园文化相结合的育人平台，开展"劳动美""红色小记者"等主题活动，引导青少年形成好思想、好品行、好习惯，扣好人生第一粒扣子。发挥社会公众人物的"名人效应"，邀请他们带头参与到道德实践、公益活动中来，成为道德模范的实践者、传统美德的弘扬者、社会风尚的引领者。加强突出问题治理。道德建设既要靠教育倡导，也要靠有效治理。我们推出移风易俗"十抵制十提倡"，引导广大群众自觉尊良俗、去低俗、禁恶俗，有力推动乡风文明焕发新气象。要推动把道德要求融入社会治理，探索建立重大公共政策道德风险评估和纠偏机制，加强道德领域重大理论和实践问题研究，不断完善市民公约、村规民约、学生守则、团体章程、行业规范等行为准则。针对群众反映强烈、社会影响恶劣的突出问题，运用经济、法律、技术、行政和社会管理、舆论监督等各种手段，建立惩戒失德行为的常态化机制，形成扶正祛邪、惩恶扬善的社会风气。按照"谁主管、谁负责"的要求，针对食品药品安全、产品质量安全、生态环境、社会服务、公共秩序等经济社会领域突出问题，惩治失德败坏、突破道德底线的行为。

加强新时代公民道德建设，既是一项基础性、战略性工程，也是一项长期而紧迫、艰巨而复杂的任务。我们将按照党中央部署和市委要求，全面贯彻落实《新时代公民道德建设实施纲要》，以"钉钉子"的精神一抓到底，推动新时代公民道德建设蓬勃开展、深入发展。

（作者为重庆市委常委、宣传部长）

（《人民日报》2019 年 12 月 23 日）

守正创新的

战行
▼

培养担当民族复兴大任的时代新人

甘 霖

习近平总书记强调："努力用中华民族创造的一切精神财富来以文化人、以文育人。"党中央、国务院印发的《新时代公民道德建设实施纲要》，对传承中华传统美德、继承党的优良传统和革命道德、弘扬民族精神和时代精神等提出新任务新要求。我们要认真落实中央部署，以中华优秀传统文化、革命文化、社会主义先进文化坚定干部群众文化自信，厚植新时代公民道德建设的文化沃土。

一、坚持以中华优秀传统文化固本培元，传承中华民族的道德基因。习近平总书记指出："中国优秀传统文化的丰富哲学思想、人文精神、教化思想、道德理念等，可以为人们认识和改造世界提供有益启迪，可以为治国理政提供有益启示，也可以为道德建设提供有益启发。"中华传统文化历来注重"观乎人文，以化成天下"。春秋战国时期，孟子的"仁者爱人"、老子的"上善若水"、管子的"四维不张，国乃灭亡"等都体现了道德对于修身存养、经国治世的重要性。特别是儒家思想倡导仁义礼智信的道德标准，在一定程度上为封建社会 2000 多年社会秩序发挥了重要的规范作用。当然，中国传统文化和世界上其他任何一种文化一样，既有精华也含糟粕。我们应辩证看待中华传统文化，其蕴涵的讲仁爱、重民本、守诚信、崇正义、尚和合、求大同等思想理念，自强不息、敬业乐群、扶正扬善、扶危济困、见义勇为、孝老爱亲等传统美德，不论过去还是现在，不论是对于中国还是当今世界，都具有穿越时空的永恒价值。

加强新时代公民道德建设，必须坚定不移推动中华优秀传统文化创造性转化创新性发展，努力使中华传统美德与现代文化、现实生活相融相通，使之成为人们精神生活、道德实践的鲜明标识。我们坚持不忘本来、吸收外来、面向未来，坚持把握导向、立足学术、着眼传承，大力实施四川历史名人文化传承创新、古蜀文明保护传承、古籍文献保护研究利用、传统节日振兴等 17 项重点工程，让中华优秀传统文化活起来、传下去。建立一批传统文化研究机构，组织哲学社会科学工作者深入挖掘优秀传统文化蕴含的道德精髓，坚持古为今用、扬弃继承、推陈出新，更好地彰显其时代价值。把中华优秀传统文化贯穿国民教育全过程，推动大中小学开设传统文化必修课，推动武术、书法、戏曲、工艺等传统文化进校园，实施青少年"能文能武"工程，努力让青年一代在筑牢文化根底的基础上涵养浩然正气，树立高尚道德操守。

二、坚持以革命文化强健风骨，赓续革命先辈的红色血脉。习近平总书记强调："要讲好党的故事、革命的故事、根据地的故事、英雄和烈士的故事，加强革命传统教育、爱国主义教育、青少年思想道德教育，把红色基因传承好，确保红色江山永不变色。"革命文化孕育于中国共产党人为中国人民谋幸福、为中华民族谋复兴的初心，形成于中国革命的伟大实践之中。在新民主主义革命中，我们党团结带领中国人民浴血奋战，打败日本帝国主义，推翻国民党反动统治，构筑了红船精神、井冈山精神、长征精神、延安精神、西柏坡精神等精神坐标，形成不畏牺牲、乐于奉献、艰苦奋斗、勤俭节约等优良传统。在我们党领导中国人民走向中华民族伟大复兴的新时代，这些革命道德与当代精神追求和价值观念依然高度契合，是激励中国人民克服一切艰难险阻、不断从胜利走向胜利的宝贵精神财富。

四川是一片红色热土，在波澜壮阔的革命岁月里，走出了邓小平、朱德、陈毅、罗瑞卿等无产阶级革命家，开辟了第二大苏区川陕革命根据地。特别是红军长征在四川行程一万五千里，历时一年零八个月，跨越滔滔急流，征服皑皑雪山，穿越茫茫草地，进行大小战役数百场，召开两河口会议、懋功会议等中央政治局会议和重要会议14次，建立了60多个红色政权组织，创造了四渡赤水河、巧渡金沙江、强渡大渡河、飞夺泸定桥、激战嘉陵江、勇克包座等战争奇迹，留下了众多的革命遗址遗迹和文献史料，为我们开展公民道德建设提供了宝贵思想教育资源。

推动新时代公民道德建设，必须用好革命文化资源，深化爱国主义和革命传统教育，努力把红色血脉、红色精神转化为推动当前改革发展稳定的强大物质力量。我们始终高扬爱国主义主旋律，抓住重要时间节点，策划系列纪念活动和学术研讨活动，引导人们铭记革命历史、坚定理想信念、继承革命道德。高标准建设全国爱国主义教育示范基地，探索搭建网络展示平台，组织党员干部开展党性教育和廉政教育，组织青少年学生开展研学活动，充分发挥宣传教育功能。大力发展红色文化旅游，加快建设长征国家文化公园，实施红军飞夺泸定桥纪念地打造提升等重点工程，推动红军长征四川路线整体保护和展示利用，弘扬伟大长征精神。以文艺形式传播革命文化，创作推出电影《红星照耀中国》、电视剧《彝海结盟》、民族歌剧《彝红》、舞剧《红军花》、曲艺剧《望红台》、话剧《赵一曼》、川剧《还我河山》等一系列重大革命题材文艺作品，讲好革命文化故事。

三、坚持以先进文化凝神聚气，彰显砥砺奋进的时代风貌。社会主义先进文化是党领导人民推进中国特色社会主义伟大实践中，在马克思主义指导下形成的面向现代化、面向世界、面向未来的，民族的科学的大众的社会主义文化，代表着时代进步潮流和发展要求。马克思主义中国化最新成果、社会主义核心价值观、以爱国主义为核心的民族精神和以改革创新为核心的时代精神等，共同熔铸了社会主义先进文化，是中华优秀传统文化和革命文化在当代中国的最新发展。只有大力发展社会主义先进文化，促进全体人民在思想上精神上紧紧团结在一起，才能更好构筑中国精神、中国价值、中国力量。

新中国成立以来，四川一直在社会主义先进文化的引领下砥砺奋进、铿锵前行。20 世纪 60 年代，数十万拓荒者、建设者从大江南北奔赴祖国最需要的地方，"备战备荒为人民""好人好马上三线"，铸就了奉献祖国、艰苦创业、团结协作、开拓创新的"三线精神"。改革开放之初，向阳公社第一个摘下"人民公社"牌子、宁江机床厂率先开启国有企业改革，充分体现了巴蜀儿女敢为人先的改革创新精神。近年来，应对"5·12"汶川特大地震等重大自然灾害，凝聚形成了万众一心、众志成城、不畏艰险、百折不挠、以人为本、尊重科学的伟大抗震救灾精神。党的十八大以来，四川坚持以习近平新时代中国特色社会主义思想为指导，大力推进脱贫攻坚，勇担全面创新改革试验等国家任务，推动经济社会发展取得历史性成就，展现了奋进新时代的昂扬风貌。这些精神，都充分彰显了社会主义先进文化的时代内涵。

当前，我国发展已经到了"船到中流浪更急、人到半山路更陡"的时候，更加需要我们以社会主义先进文化鼓舞士气、成风化人、凝心聚力，培养担当民族复兴大任的时代新人。我们坚持不懈推动习近平新时代中国特色社会主义思想入脑入心，统筹运用中心组学习、理论宣传宣讲、"学习强国"学习平台、重要理论读本等载体，加强宣传阐释，重视运用文艺形式开展传播，不断增进人们的政治认同、思想认同、情感认同。大力培育和践行社会主义核心价值观，强化教育引导、实践养成和制度保障，学习宣传王瑛、兰辉、刘传健、其美多吉等先进典型，推动形成见贤思齐、崇德向善的浓厚氛围。深化群众性精神文明创建，大力推动志愿服务制度化常态化，在贫困地区大力开展"除陋习、树新风""幸福文明新生活"等行动，为全面建成小康社会营造文明风尚、提供精神动力。

（作者为四川省委常委、宣传部长）

（《人民日报》2019 年 11 月 29 日）

凝聚共同价值追求 构筑强大中国精神

牛 一 兵

《新时代公民道德建设实施纲要》(以下简称《纲要》)
是以社会主义核心价值观为引领，构筑中国精神、中国价
值、中国力量，深厚支撑国家治理体系和治理能力现代化
的重大举措；是新时代推进公民道德建设的纲领性文件和
行动指南。陕西优秀传统文化博大精深，革命文化深厚独
特，社会主义先进文化鲜活生动。准确把握《纲要》要
求，坚持塑造中华民族共同的理想信念、价值理念、道德
观念，三秦大地要充分发挥资源优势和地域特点，让中国
特色社会主义道德建设根深叶茂、成风化人。

党中央 2001 年颁布《公民道德建设实施纲要》，18
年过去了，我们党面临世情国情党情的深刻变化，特别是中国特色社会主义进入新时代，颁布出台《新时代公民道德建设实施纲要》，对公民道德建设提出了更深层次更高标准的要求。《纲要》以习近平新时代中国特色社会主义思想和党的十九大精神为指导，坚持守正创新，强化制度保障，全篇贯穿新时代特征，鲜明体现习近平总书记关于公民道德建设重要论述和一系列新思想新观点新要求。我们必须深刻把握《纲要》的精神实质、时代特征和实践要求，增强贯彻落实的政治自觉、思想自觉、行动自觉。

一是《纲要》的出台，顺应大势，吹响了新时代公民道德建设的崭新旋律。《纲要》紧紧围绕培养什么样的人、怎样培养人这个中心目标，突出问题导向，强化问题意识，客观分析了现阶段道德领域存在的问题，着重体现习近平总书记对党员领导干部、青少年和社会公众人物等重要群体和重点领域道德建设的重要论述和具体要求，把涉及有关方面的重要内容和抓落实的实践要求更加鲜明地体现出来，为进一步解决精神文明建设领域的时代课题找到了密钥。

二是《纲要》的出台，兼容并蓄，树起了守正创新的鲜明标杆。《纲要》立足守正创新，在继承 2001 年《公民道德建设实施纲要》的主要内容和载体途径的基础上，又立足新形势新任务，坚持创造性转化、创新性发展，涵盖

凝聚共同价值追求　构筑强大中国精神

了包括理想信念、民族精神、时代精神等诸多内容，扩大了道德建设的范畴，体现了对新时代公民道德建设的深刻认识和科学把握，具有很强的群众性、实践性和创新性。

三是《纲要》的出台，全面翔实，提供了道德建设的基本遵循。《纲要》系统全面，视野开阔，既坚持道德建设的正确方向、价值导向，提出了"六个坚持"的总体要求、四个方面的重点任务；又立足实际、直面难题，从教育引导、实践养成、网络空间道德建设、制度保障等方面明确了 23 项工作举措，具体实在、科学管用，体现了以习近平同志为核心的党中央"全面统筹""标本兼治"的一贯要求，为我们如何抓、怎么抓、抓什么提供了基本遵循、路径方法。

陕西是中华民族和华夏文化的重要发祥地之一，这里不但演绎过周、秦、汉、唐等朝代的亘古沧桑，也激荡过辛亥革命的汹涌波涛，更燃烧过熊熊的红色革命圣火。新时代，我们将以贯彻落实《纲要》为契机，持之以恒、久久为功，努力让社会主义道德的阳光温暖人间、润泽三秦大地。

一是坚持从红色文化中汲取思想道德建设的正能量，进一步铸魂育人。"几回回梦里回延安，双手搂定宝塔山。"中国共产党在这里由弱小走向壮大，中国革命从这里走向胜利，伟大的毛泽东思想在这里形成，并确立为我们党的指导思想，光照千秋的延安精神在这里孕育、发扬、光大。陕北是红军长征的"落脚点"，也是红军新征程的"出发点"。2015年2月，习近平总书记来陕视察时指出："老一辈革命家和老一代共产党人在延安时期留下的优良传统和作风，培育形成的延安精神，是我们党的宝贵精神财富。"一直以来，我们不断继承和发扬延安精神，建立全国红色旅游创新发展研究基地，开展党性党史党风和新中国史教育，积极推动红色基因代代相传。我们将大力实施革命文物保护利用工程，修订《陕北革命旧址保护条例》，推进长征国家文化公园建设。充分发挥延安精神研究中心作用，开展"延安精神与新时代党的建设"研究，开展"重走长征路·青春向延安"等主题活动。深度挖掘革命历史内涵，加强红色文艺精品创作生产，努力让延安精神焕发出新的时代光芒。

二是坚持以社会主义核心价值观为引领，进一步强基固本。社会主义核心价值观是公民道德建设的灵魂和根本。深入推进社会主义核心价值观"六进""两融入"（进机关、进社区、进农村、进企业、进学校、进家庭，融入法治陕西建设、融入社会日常生活），发挥对国民教育、精神文明创建和精神文化产品创作生产传播的引领作用。

制定《陕西省深化社区社会主义核心价值观建设实施方案》和《社会主义核心价值观社会宣传工作基本要求（试行）》，推进社会宣传标准化、规范化。推进《〈关于进一步把社会主义核心价值观融入法治建设的指导意见〉重点项目分工方案》的实施，加快核心价值观融入法治陕西建设步伐。考察命名一批主题公园、主题景区、主题广场和主题街区。组建全省社会主义核心价值观专家组。广泛开展"弘扬爱国奋斗精神、建功立业新时代"活动，大力弘扬西迁精神。发挥《陕西高校培育和践行社会主义核心价值观工作指引》作用，引导学生立德修业。

三是坚持以优秀传统文化为底蕴，进一步滋润心灵。陕西优秀传统文化深沉厚重，从炎黄华夏凝聚核心、"五方之民"共融天下，到"以人为本、以德治国、以礼立序、以乐致和"的周礼文化，再到秦汉雄风、大唐气象，中华民族一直在这方热土上繁衍生息，创造了璀璨的中华优秀传统文化。推动中华优秀传统文化创造性转化、创新性发展，是加强新时代公民道德建设的重要举措。在全省开展"立家训、传家规、扬家风"活动，推广优秀家风家训，建设一批家风馆，塑造家庭美德。修订完善符合新时代道德建设要求的市民公约、村规民约、居民公约等行为准则。发扬"为天地立心、为生民立命、为往圣继绝学、为万世开太平"的家国情怀，学习先贤嘉言懿行，发挥新乡贤教化引导作用。

四是坚持以先进典型为带动，进一步引领风尚。先进典型是鲜活的价值观、时代的正能量，是公民道德建设的生动教材。党的十八大以来，陕西涌现"时代楷模"4人，"最美奋斗者"8人、2个集体，"三秦楷模"8人、4个集体，"全国道德模范"13人，"中国好人"545名（组）。挖掘树立各层级、各行业先进人物，广泛建立善行义举榜，注重群众提、群众议、群众学身边好人，建立先进典型动态资源库。加强顶层设计，制定先进典型礼遇帮扶办法，营造全社会关爱典型、学习先进的浓厚氛围。完善典型宣传机制，改进典型宣传方式方法，让先进典型进机关、进社区、进校园，上讲台、上舞台、上广播电视台，更好地发挥示范引领作用。

五是坚持以群众性精神文化创建为抓手，进一步涵养社会风气。将新时代公民道德建设要求贯穿于文明城市、文明村镇、文明单位、文明家庭、文明校园等群众性精神文明创建全过程。开展"厚德陕西"道德建设活动，实施以"立德、尚德、遵德、载德、润德、弘德"为主要内容的"六德"工程。推进各行各业开展学雷锋和志愿服务活动。指导有条件的市、县建设好人馆、好人大街、好人公

凝聚共同价值追求　构筑强大中国精神

095

园。着力培育道德模范和好人工作室品牌。在全省城乡推广"车让人、人守规"文明交通创建活动。开展"扣好人生第一粒扣子"主题教育实践活动，争做美德少年。

六是坚持以重大节庆活动为载体，进一步凝聚人心。党和国家重大节庆活动，承载着深厚的政治、历史、文化底蕴，有着鲜明的功能定位和价值导向，是统一思想、凝聚力量的良好契机。我们将深入学习总结隆重庆祝新中国成立70周年活动的宝贵经验，紧紧抓住全面建成小康社会、建党100周年等重要时间节点和重大节庆活动，深入开展党史、新中国史、改革开放史宣传教育，引导广大干部群众厚植家国情怀，进一步培育爱国之情、砥砺强国之志、实践报国之行。

（作者为陕西省委常委、宣传部长）

（《人民日报》2019年12月3日）

做讲社会公德的好公民

李　斌

　　"人而无德，行之不远。"一个社会文明有序，既靠先善其身的私德，也离不开相善其群的公德。

　　新时代公民道德建设，"要把社会公德、职业道德、家庭美德、个人品德建设作为着力点"。近日，中共中央、国务院印发《新时代公民道德建设实施纲要》，明确阐释新时代公民道德建设的总体要求、重点任务，鼓励人们"在社会上做一个好公民""在工作中做一个好建设者""在家庭里做一个好成员""在日常生活中养成好品行"。这就为不断提高人民思想觉悟、道德水准、文明素养提供了遵循，对于培养担当民族复兴大任的时代新人，推动全民道德素质和社会文明程度达到一个新高度，具有重大指导意义。

道德是社会关系的基石、人际和谐的基础，社会公德作为社会交往和公共生活的基本准则，是新时代公民道德建设的重要内容。纲要提出，"推动践行以文明礼貌、助人为乐、爱护公物、保护环境、遵纪守法为主要内容的社会公德，鼓励人们在社会上做一个好公民"。五个方面的社会公德内容，涵盖了维护社会关系、促进社会和谐的最起码的道德要求，既针对全体公民也面向领导干部，有着重要的现实针对性和实践指导性。把这些社会公德要求融入日常生活，强化制度保障特别是法律法规保障，使之成为人们日用而不觉的道德规范和行为准则，促进社会全面进步、人的全面发展。

"每个人都不是一座孤岛，都是广袤大陆的一部分。"培护社会公德，关键在于引导公众超越个人狭隘眼界和功利目的，从公益众利层面实现小与大、私与公、家与国的融洽协调。"环保是别人的事情，与我无关""大善做不了，小善不想做""凭啥自己冒风险助人为乐"……公德遇阻，说到底是因为公共意识、规则意识、群己权界观念等的缺失。张扬社会公德的要诀，就在于唤起人们的公共责任心、公民义务感，破除"事不关己，高高挂起"的狭隘心理。广大民众明礼守法的公共文明意识，其实正是最宝贵、最强大的道德资源。

道德是生活的哲学。道德建设既重对孰善孰恶的辨析，更重知行合一。从公共场所举止文明到邻里相处和睦互助，从举手之劳保护环境到心底无私为民服务，人人谨守社会公德，努力实现精神之美、行为之善、思想之真，就能让道义的力量汇流成河，润泽社会和谐有序运转。加强新时代公民道德建设，必须坚持提升道德认知与推动道德实践相结合，引导人们向往和追求讲道德、尊道德、守道德的生活。对个人而言，激发"见善如渴，闻恶如聋"的意愿，增进"己所不欲，勿施于人"的行动力，就能成为一个"精神富有"的人，成为一个有益于他人和社会的人。

每个人心底都蕴藏着善的种子，"人皆可以为尧舜"。《新时代公民道德建设实施纲要》强调："加强新时代公民道德建设，是推进中国特色社会主义事业的一项基础性、战略性工程。"高举光照世道人心的公德火炬，培护引领社会和谐的公德高地，激励人们行动起来守卫心中的道德律，一定可以奏响新时代的精神文明和声，让德耀中华、德佑未来成为现实。

（《人民日报》2019 年 10 月 29 日）

做有职业道德的好建设者

李 洪 兴

一砖一瓦砌成事业大厦，一点一滴创造幸福生活。世间一切美好，往往都蕴含着职业道德的光芒，凝聚着建设者的品德风范。

一个推崇敬业乐业的民族，必定是令人肃然起敬的民族；一个弘扬职业理想的社会，必定是一个活力涌流、文明进步的社会。近日发布的《新时代公民道德建设实施纲要》要求，"推动践行以爱岗敬业、诚实守信、办事公道、热情服务、奉献社会为主要内容的职业道德，鼓励人们在工作中做一个好建设者"。明确职业道德内涵、倡导践行职业道德，不仅是新时代公民道德建设的重要内容，也是培育和践行社会主义核心价值观、弘扬民族精神和时代精神的内在要求，对于推进中国特色社会主义事业、建设社会主义现代化国家具有重要意义。

"敬事而信""执事敬"，敬业品德中国自古有之。在今天我们这个礼敬崇高职业理想、张扬高昂奋斗精神的社会主义大家庭，在"劳动最光荣、劳动最崇高、劳动最伟大、劳动最美丽"的新时代，职业道德的重要性不言而喻：不仅其本身是一笔宝贵的社会精神财富，更直接引领社会物质财富的创造；不仅厚植起个人安身立命的坚实基础，更为强国建设、复兴征程注入澎湃活力。在新时代培养担当民族复兴大任的时代新人，一个重要内容就在于以职业道德建设引领行业文明进步，让高尚的职业情操、坚实的职业奉献，为社会文明风尚凝心聚力，为经济高质量发展固本培元。

"尽职者无他，正己格物而已。"精益求精为火箭焊接发动机的"铁裁缝"高凤林有句名言："顶天立地是为工，利器入门是为匠。"从"最美奋斗者"到"共和国勋章"获得者，无不在各自岗位上取得了非凡成就，在共和国发展征程上立下了不朽功勋。他们身上散发出来的职业之光，充分诠释出以爱岗敬业、诚实守信、办事公道、热情服务、奉献社会为主要内容的职业道德。弘扬职业道德，真正做到干一行爱一行钻一行，就要在脚踏实地的同时仰望星空，从刻苦工作中领略到高尚情操、体现出价值意义。工作即是事业，事业即是爱好，爱好滋润品德，品德回馈工作。职业价值和职业品德，正是我们参与工作、参与劳动的意义所在。

"凡职业没有不是神圣的，所以凡职业没有不是可敬的。"有了职业道德的托举，"伟大出自平凡，平凡造就伟大"的奋斗哲理更显深刻有力。加强职业道德建设，对个人而言，意味着砥砺职业操守、恪守职业本分、干好本职工作，每件事、每个细节、每项产品力求无愧本心；对社会而言，需要弘扬道德楷模精神、营造爱岗敬业氛围，形成学有榜样、行有示范的良好风气；对国家而言，也需要完善政策、搭建平台、健全机制，让广大劳动者敢想敢干、敢于追梦。当崇高的职业道德落实为掷地有声的职业行动，实现中国梦就有了强大精神力量和道德支撑。

马克思说，历史承认那些为共同目标劳动因而自己变得高尚的人是伟大人物；经验赞美那些为大多数人带来幸福的人是最幸福的人。新时代是奋斗者的时代。坚守职业道德，奋斗职业理想，我们就能以职业贡献为荣，追逐人世间的美好梦想，抵达生命里的辉煌。

（《人民日报》2019 年 10 月 30 日）

做守家庭美德的好成员

石 羚

"读书，起家之本；循理，保家之本；和顺，齐家之本；勤俭，治家之本。"中华民族有着深深的家庭情结，注重家庭、注重家教、注重家风，注重发扬家庭美德、促进家庭和睦。

习近平总书记强调："家庭教育涉及很多方面，但最重要的是品德教育，是如何做人的教育。"作为公民道德建设的关键一环，家庭的作用不可或缺。中共中央、国务院印发的《新时代公民道德建设实施纲要》，明确提出"推动践行以尊老爱幼、男女平等、夫妻和睦、勤俭持家、邻里互助为主要内容的家庭美德，鼓励人们在家庭里做一个好成员"。新时代新征程，培育家庭美德，崇尚良好家风，才能为家庭谋和谐、为他人送温暖、为社会作贡献。

家庭不仅是婚姻关系、血缘关系的呈现，也是道德践履的平台、品德养成的起点。在古代，孝悌恭敬是伦理道德的重要范畴，立业兴家是人生奋斗的基本追求。今天的生活格局虽然发生巨变，但作为拔苗育穗的温室、幸福生活的港湾、安享晚年的依托，家庭的功能没有变化，"家和万事兴"的道理并未过时，家庭美德建设依然至关重要。作为社会生活的"练兵场"，从价值观到财富观，从文明习惯到是非判断，家庭生活在潜移默化中塑造着每个人的行为方式。亲子、夫妻、兄弟姐妹各自担起自己的家庭责任，一方容身之所才称得上温暖和睦的"家庭"。

有什么样的家风，就有什么样的家庭。"积善之家，必有余庆"。家风中既有传统文化的延续传承，也有现代生活的生成聚合。家庭美德建设，不仅需要注重发扬光大中华民族传统家庭美德，也要紧密结合培育和弘扬社会主义核心价值观。《新时代公民道德建设实施纲要》明确提出，要弘扬中华民族传统家庭美德，倡导现代家庭文明观念，推动形成爱国爱家、相亲相爱、向上向善、共建共享的社会主义家庭文明新风尚，让美德在家庭中生根、在亲情中升华。一方面传承中华孝道，养成孝敬父母、尊敬长辈的良好品质，另一方面倡导忠诚、责任、亲情、学习、公益的理念，让家庭成员相互影响、共同提高，就能涵养好家风，建设好家庭。

有什么样的家教，就有什么样的个人。家庭是人生的第一所学校，追求家庭和顺美满，关键要用良好家教家风涵育道德品行。爱国华侨陈嘉庚兴巨资办学却对家人很"抠门"，勤俭家教让子女养成了和他一样的公益情怀；人民教育家于漪耕耘教坛 60 多年，儿子、孙女在她的熏陶下相继走上教师岗位。家教家风与家庭美德绝不仅仅是居家生活的相处之道，更连通着国家发展和社会和谐。缺少必要的正确家教，家庭就会成为人性弱点的避风港、不良风气的滋生地。重言传、重身教，教知识、育品德，以身作则、耳濡目染，用正确道德观念塑造美好心灵，新时代的家庭就将绽放出美丽的道德光芒。

"我们要重视家庭文明建设，努力使千千万万个家庭成为国家发展、民族进步、社会和谐的重要基点，成为人们梦想启航的地方。"家庭向善，国家向上。让美德植根每个家庭成员心灵，以千千万万家庭的好家风支撑起全社会的好风气，每个人、每个家庭都将为中华民族大家庭作出贡献，为实现中国梦凝聚力量。

（《人民日报》2019 年 10 月 31 日）

在日常生活中养成好品行

郭 牧 龙

"建筑人格长城的基础，就是道德。"道德不仅是和谐社会秩序的基石，对个体而言，也是自我修为的价值彰显、人格魅力的美丽呈现。

中华民族历来重视个人品德修养，一直强调"修、齐、治、平"传统。社会主义核心价值观从个人层面提出"爱国、敬业、诚信、友善"，要求弘扬个人品德、磨砺个体品行。《新时代公民道德建设实施纲要》提出："推动践行以爱国奉献、明礼遵规、勤劳善良、宽厚正直、自强自律为主要内容的个人品德，鼓励人们在日常生活中养成好品行。"这一鲜明主张，充分反映了新时代对公民个人品德提出的新的更高要求，为促进社会全面进步、促进人的全面发展指明努力方向。

　　个人品德是公民个人在修养身心、规范举止方面的道德依循，与社会公德、职业道德、家庭美德，形成了由全体到个体、由外在到身心的完整道德链条。"核潜艇之父"黄旭华执着于爱国奉献，"隐'功'埋名三十载，终生报国不言悔"；在抗美援朝战场上失去四肢和左眼的朱彦夫，几十年奋斗不止带领老百姓蹚出脱贫新路；"小巷总理"武荷香，把社区当成自己家，把社区居民当亲人……一个个榜样楷模，让人们感动于爱国奉献的家国大义，知晓了明礼遵规的文明法则，读懂了勤劳善良的奋斗之美，领略了宽厚正直的德性纯真，感受到自强自律的人格光辉。"美德好比宝石，它在朴素的背景衬托下反而更加美丽"。高尚的个人品德修养，足以让一个人终身受益。

　　"君子敬以直内，义以方外，敬义立而德不孤"。"德不孤"，首要在于发挥个体主观能动性，发乎真心地讲道德、尊道德、守道德，从我做起、从现在做起、从小事做起。有人说得好："一个人做了这样或那样一件合乎伦理的事，还不能说他是有德的，只有当这种行为方式成为他性格中的固定要素时，才可以说他是有德的。"这提醒人们，锤炼个人品德，必须时时处处地提升，持久不懈地发力。一两件事上挺身而出见义勇为值得点赞，一辈子崇德向善、践行道义也值得敬佩。让个人品德积累于一点一滴中，绵绵用力、久久为功，善行义举必将蔚然成风。

自律之外，他律不可忽视。实践表明，放任自流不是文明养成之道，一个社会整体文明素养的演进，往往都是依法治理、持续管理的结果。"醉驾入刑"，推动"开车不喝酒，喝酒不开车"蔚然成风；立法强制垃圾分类，促使节约资源渐成文明时尚；以法治破解高铁"霸座"，让无赖行径受到严惩……好品行、好风尚，既需要个体主动作为，也需要榜样引领示范，还需要法律法规的强力托底。法律是成文的道德，道德是内心的法律。发挥法治对道德建设的保障和促进作用，把道德导向贯穿法治建设全过程，方能以法治的力量维护道德、凝聚人心，推动全民道德素质和社会文明程度达到新高度。

"道不可坐论，德不能空谈。"道德建设能否成风化人，有赖于多做细致入微的实功，不务大而空泛的虚名。每一个小我点亮一盏明德惟馨的心灯，簇起一团崇德向善之火，成就以德兴国的中国力量，必能为中国特色社会主义事业提供源源不断的精神动力和道德滋养。

（《人民日报》2019 年 11 月 1 日）

守正创新的

践行

厚植爱国情怀　加强品德修养

——各界热议宣传贯彻落实《新时代公民道德建设实施纲要》《新时代爱国主义教育实施纲要》

张　贺

宣传贯彻《新时代公民道德建设实施纲要》《新时代爱国主义教育实施纲要》电视电话会议 11 月 26 日举行。与会者一致认为，两个《纲要》对于推动全民思想道德素质和社会文明程度达到一个新高度、决胜全面建成小康社会、开启全面建设社会主义现代化国家新征程，具有十分重要的意义。他们表示将积极行动起来，把两个《纲要》的要求落实到工作之中。

"一年之计，莫如树谷；十年之计，莫如树木；终身之计，莫如树人。"教育部党组成员、副部长翁铁慧认为，青少年学生是思想品德教育和爱国主义教育的重点群体，学校是重要阵地。教育系统贯彻落实两个《纲要》必须以习近平新时代中国特色社会主义思想铸魂育人为核心主线，以提升道德素质和厚植爱国情怀为落脚点，在一体贯穿中落细落小落实，在循序渐进中融入日常。她说，教育部门将加快构建大中小学一体贯穿、循序渐进的教育体系。该体系以习近平总书记关于公民道德建设和爱国主义教育的重要论述为根本遵循，围绕政治认同、国家观念、法治意识、文化自信、道德修养等重点板块，在教育理念上注重德才兼修、知行合一，在教育内容上循序渐进、螺旋上升，在教育方式上有机融入、深度融合。

"新时代爱国主义教育要聚焦青少年。"中国人民大学马克思主义学院教授王易说，新一代青少年亲历了中国迈向强起来的伟大历史进程，对时代进步有着深切体会，对国家发展有着强烈认同。他们视野开阔、思维活跃、追求个性，不喜欢板起脸的说教，也不接受单向度的灌输，但他们从未拒绝崇高、绝非排斥意义。在中国人民大学，每年都有一大批青年学子走进基层、奔赴西部、应征入伍，到祖国最需要的地方建功立业。王易建议，在青少年中开展爱国主义教育要将情感培育与理性养成有机结合起来，将历史教育与现实教育有机结合起来，很重要的就是要进行党史、国史、改革开放史的教育，从而使青年学生知史明志、知责奋进，自觉将个人梦融入实现中国梦的伟大实践中。

光明日报社总编辑张政认为，落实两个《纲要》，新闻媒体应在举旗帜、聚民心、育新人、兴文化、展形象上持续努力，积极营造崇德向善、文明和谐的社会舆论环境，努力做高尚道德的倡导者、社会风尚的引领者。他说，近年来光明日报陆续开设了"培育和践行社会主义核心价值观""德耀中华""致敬志愿者""文明旅游""最美乡村教师""最美奋斗者"等专栏，深入报道了一大批先进典型和各地各部门在文明创建中的经验做法，引导人们争当先进、见贤思齐，助力形成德者有得、好人好报的价值导向。下一步将加强策划，创新打造一系列受众喜闻乐见的融媒体产品，做出更大影响力，展现中国精神、中国面貌，为中国特色社会主义事业提供源源不断的道德滋养。

山东省副省长、省文明委副主任于杰说，山东是孔孟之乡、红色热土，我们要努力实现中华传统美德的创造性转化、创新性发展，要弘扬沂蒙精神、传承红色基因，要做新时代泰山"挑山工"。为此需要在打牢思想根基上下功夫，在文化传承创新上下功夫，在夯实基层基础上下功夫，在强化制度约束上下功夫。于杰表示，山东省"学习强国"注册总数达 1220 万人，用户总数、日活跃数一直位居全国前列。今后山东将围绕"丰富内容、创新形式、增强互动"，持续巩固提升，建立以奖代补激励机制，着力提高推广使用质量，提高山东平台稿件的发稿量、转载率。同时开展"四德工程"，以"孝诚爱仁"为重点，组织开展各具特色的基层道德实践活动，推广青岛"邻居节"经验，做到县有道德品牌、村有乡规民约、家有家风家训。

重庆市委常委、宣传部长张鸣说，爱国主义是中华民族的优良传统、具有强大道德力量，我们要用好红色资源、发扬红色传统、传承红色基因。重庆是红岩精神发祥地，有着丰富的红色资源。我们推出"让烈士回家"系列活动，以故事会、情景剧、事迹展等方式，把红岩英烈的精神和事迹送回他们的家乡，所到之处反响热烈。开展"小萝卜头"进校园活动，让红岩精神滋润童心。组织全市爱国主义教育基地、川剧《江姐》和话剧《红岩魂》等到基层巡展巡演，打造"流动的红色活教材"。我们将加强红色资源规划保护和挖掘利用，高扬爱国主义旗帜，精心开展"讲红色故事、讲革命精神"等系列活动，把红色基因一代一代传下去。

西柏坡纪念馆党委书记、馆长王红说，西柏坡是"两个务必"的诞生地，"赶考"出发地，"新中国从这里走来"的土地，这些爱国主义教育品牌已经享誉全国。今年以来，西柏坡纪念馆接待社会各界观众 600 多万人次。我们利用西柏坡资源，打造了《不忘初心、牢记使命——新中国从这里走来》情景讲述剧，目前赴石家庄陆军学院、河北外国语学院等 10 多个单位巡回演出。今后将深入学习贯彻习近平新时代中国特色社会主义思想，推出一批爱国主义教育的精品力作，特别是要创新爱国主义教育形式，聚焦青少年群体，以国家首批研学旅游示范基地为抓手，创新组织形式，创新课程，创新教学板块，给青少年送上喜闻乐见的爱国主义教育文化大餐。

来自火箭军某部的基层战士王忠心表示，作为军人，践行两个《纲要》，就要奉献忠诚。他说，天下大德，莫过于忠，忠诚是对军人的最高政治要求。作为军人，践行两个《纲要》，就要夯实基础。当兵就当能打仗的兵，这是军人的自觉追求。他说，"只要组织还需要我一天，我就要兢兢业业尽好本分，发挥道德示范作用，模范践行两个《纲要》，为强军兴军事业贡献自己的一份力量。"

（《人民日报》2019 年 11 月 27 日）

责任编辑：余　平
封面设计：石笑梦
版式设计：周方亚
责任校对：余　佳

图书在版编目（CIP）数据

守正创新的践行：新时代公民道德建设评论员文章和工作实践体会汇编／
中共中央宣传部宣传教育局 编 . —北京：人民出版社，2020.7
ISBN 978－7－01－022224－0

I.①守… II.①中… III.①公民教育－社会公德教育－中国－文集
②公民教育－社会公德教育－工作经验－汇编－中国 IV.① D648.3

中国版本图书馆 CIP 数据核字（2020）第 102208 号

守正创新的践行
SHOUZHENG CHUANGXIN DE JIANXING
——新时代公民道德建设评论员文章和工作实践体会汇编

中共中央宣传部宣传教育局　编

人民出版社 出版发行
（100706　北京市东城区隆福寺街 99 号）

北京尚唐印刷包装有限公司印刷　新华书店经销

2020 年 7 月第 1 版　2020 年 7 月北京第 1 次印刷
开本：710 毫米 × 1000 毫米 1/16　印张：7.5
字数：70 千字

ISBN 978－7－01－022224－0　定价：22.00 元

邮购地址 100706　北京市东城区隆福寺街 99 号
人民东方图书销售中心　电话（010）65250042　65289539